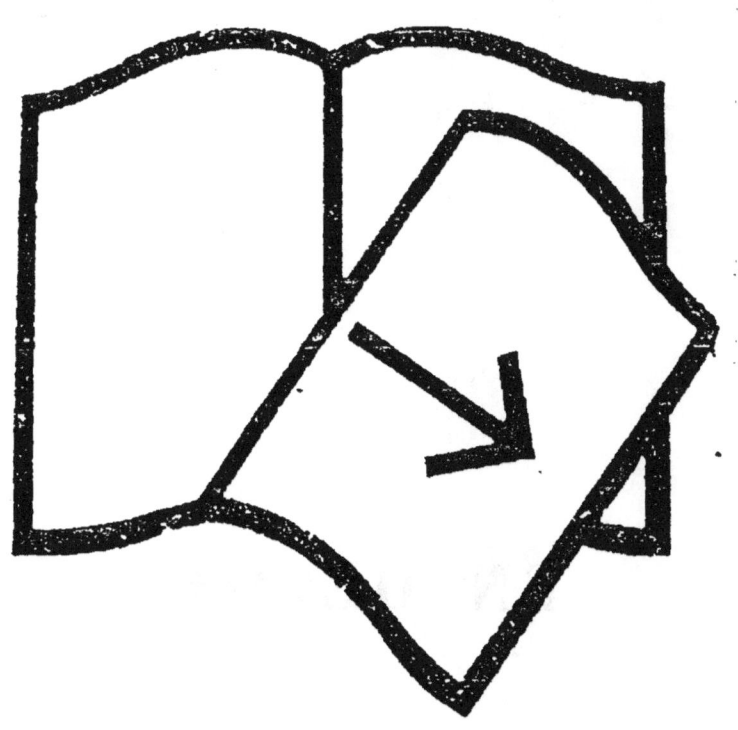

Couvertures supérieure et inférieure manquantes

EN DÉCOR

EN VENTE A LA MÊME LIBRAIRIE

ENVOI FRANCO AU REÇU DES AVIS (TIMBRES OU MANDAT)

OUVRAGES DU MÊME AUTEUR

I

Chair molle . . . . (Épuisé.)
Soi 3 50
La Glèbe 2 00

En collaboration avec M. Jean Moréas :

Le Thé chez Miranda 3 50
Les demoiselles Goubert 3 50

II

LES VOLONTÉS MERVEILLEUSES

Etre 3 50
L'Essence de soleil 3 50
Princesses byzantines *(sous presse)*.
Robes Rouges *(sous presse)*.
Dieu *(en préparation)*.

III

Stendhal révélé *(sous presse)*.
Parades politiques *(en préparation)*.

ÉVREUX, IMPRIMERIE DE CHARLES HÉRISSEY

LES VOLONTÉS MERVEILLEUSES

PAUL ADAM

EN DÉCOR

PARIS
NOUVELLE LIBRAIRIE PARISIENNE
ALBERT SAVINE, ÉDITEUR
12, *Rue des Pyramides*, 12

1891
Tous droits réservés.

A

EUGÈNE DE ROBERTY

THÈMES

I
COMMUNION PANTHÉISTE

II
GALERIE DES COMPARSES

III
FROLEMENTS

IV
FLIRTS

V
PRÉPARATION A L'HYMEN

VI
TOURNOIS POUR LA DAME

VII
TRANSFIGURATION DE L'IDÉE DANS L'IDOLE

VIII
LA FORME LUMINEUSE S'OBSCURCIT; L'ESPRIT ERRE; LA ROUTE BIFURQUE

IX
CARIATIDES DE LUXURE

X
LE CLAVIER A DOULEURS

XI
LA LUTTE CONTRE L'ANGE

XII
LA RUINE DU DÉCOR

FINALE MYSTIQUE

I
RENONCEMENT PROPITIATOIRE

II
EXERCICES DU SEUIL

III
EXTASE

IV
RÉSORPTION

EN DÉCOR

Manuel Héricourt rêve : Il est l'escholâtre pauvre qui lit, à la gratuite clarté lunaire, dans le plus haut grenier de la montage Sainte-Geneviève ; alors que luit vers la basilique le ruban du fleuve, et que les toits hérissés de tourelles comblent les rues profondes.

Voici que soudain gronde et grouille la révolte, et tintent les claires lames du massacre, parmi le flamboiement des torches. Peut-être échappera-t-il, tapi en sa modique retraite, l'escholâtre réaliste que poursuit la horde hurlante des Nominaux. Ils escaladent l'escalier vermoulu, ces tueurs, brandissant les Maximes et la Somme. *Doctor Invincibilis* les guide en personne ; et, du crucifix, il désigne pour le feu le lamentable hérésiarque, dont les chairs pétillent de terreur.

Argentin, sinistrement argentin et grêle s'éplore le cri du tocsin. Tin et tin. Tin et tin. Piétinements des foules et ordres aux porte-voix. Stridences des clairons annonciateurs au cœur des places et sur les parvis..... Là s'effondre le cauchemar.

Manuel réveillé saute du lit à la fenêtre. Par la rue torte, descendante, s'affolent les courses des hommes casqués de cuivre et porteurs de haches, des femmes agrafant leur pudeur hâtive. Tin et tin. Du beffroi, la cloche d'argent verse la terreur et l'appel, si loin dans les constellations où scintille, falote, la lampe du veilleur d'incendies.

Comme une voix trépassée tombe de la tour, une voix indicatrice qui fait éclore le murmure de la multitude. Et Manuel, à ce nocturne apparat des temps passés, distingue les paroles qui disent où fulgure la flamme incendiaire, en quelque minoterie hors les murs. Les troupes de pompiers galopent sur l'humide glacis lunaire, et les charrettes de cordes et de sceaux tressautent sur les bosses du pavage.

Aux croisées, les têtes se décapuchonnent sous les combles à degrés ; sans que veuille mourir le cri argentin du tocsin qui, du sublime beffroi festonné, épanche l'alarme vers les quatre points de la cité flamande.

Déjà s'évanouit le murmure de foule au détour des rues ; quelques niais retardataires le suivent, interrogent les fenêtres qui tôt se closent, avec les regards défiants des endormis.

Plus rien que les portails fleuronnés, chiffrés, armoriés, des sombres hôtels séculaires ; et le frisson du vent aux frondaisons de leurs parcs.

I

COMMUNION PANTHÉISTE

Manuel garde toute une aise de ce spectacle inopinément offert en guise d'accueil par le hasard, dans la ville familiale qui va prendre sa jeunesse bachelière et diserte. Présage de pittoresque existence active, avec quelque patine d'âges défunts où facilement se réfugiera la pensée surprise par le spleen, par les déboires peut-être.

Doucement, en peur d'éveiller sa folâtre sœur, il sort de la chambre, et, par les couloirs profonds blanchis d'une teinte d'aube, gagne le vieil escalier fleuri de fer.

Libre, et pour des ans, songe-t-il, ravi de ne plus ouïr les disciplines universitaires ou militaires contrarier ses envies adolescentes. Un moment, ce lui est joie de contempler les panoplies de chasse épanouies contre les murailles du vestibule, les têtes hirsutes de ragots fixées aux pans de chêne, avec en lettres d'or la date de leur prise, le nom du maître d'équipage et le sommaire des péripéties. Ah! les cors dans les bois et l'horizon des plaines cynégétiques rasées par l'autan. Comme il va savoir le secret du taillis, et les pistes, et les abois!

Pour Elise, la blonde fillette qui le gratifia de quelques promenades vespérales durant les vacances dernières, quel intérieur incarnadin, lilas et jaune, il lui saura établir ! Car il est bien, il est nécessaire d'avoir maîtresse. Jolie, plus saxonne que flamande, fine aussi, il la voudrait vêtue aux modes boulevardières qui étonnent, et, par cette outrecuidance de mœurs, effaroucher la paisible province. D'où des gloires, un prestige de viveur magnifique, et quelque satanisme.

L'amour ! On sait, par bonheur, ce qu'il en faut tenir. Les accortes soubrettes des brasseries parisiennes l'ont initié. C'est, sous les courtines odorantes, une chose telle que saveur d'un porto exquis, outre les énervements produits par l'audition à tout orchestre d'une complexe musique. Ainsi que concerts et tavernes, cela se paye brillamment, et renforce d'une prestigieuse auréole le gentleman habillé à bonne enseigne.

Ce matin même, revenant de chevauchée, il passera en face d'Elise, dans sa gloire équestre. La mignonne qui cherche un amant sérieux se décidera incontinent. De son mieux elle le volera, la fûtée ! Plus tard, très vieux, traitant de joyeux compagnons, viendra le bonheur de dire au monsieur éperdant ses louanges sur la belle :

« La petite Elise. Oui, gentillette. C'est moi qui la lançai, jadis. »

Cela pensé par sourires, Manuel allume sa cigarette, puis, à la fenêtre de la bibliothèque, il apaise son impatience du soleil à voir assises, autour de la place, sur leurs basses arcades, les maisons hanséatiques, ouvrant à leur pignon angulaire l'œil en veille de leurs rondes croisées. Comme une reine nuptiale, la Maison de Ville, toute en dentelles de pierre, avance les feuillures découpées de ses balcons, ses crevés en ogives, sa tour carillonnante, laurée et couronnée d'un diadème de prince où culmine le lion héraldique dressé et rugissant aux campagnes l'orgueil éployé de son oriflamme.

Sur cette place vide ainsi qu'un décor scénique, dallée de losanges, ne devraient-elles pas surgir, les Corporations, toutes bannières au vent, que suivraient les arquebusiers de Rembrandt en collerettes et blanches écharpes, si peu militaires de leurs larges panses flamandes, et traînant de lourdes pertuisanes orfévrées? Sans doute le sage Spinoza polit des verres de lunettes derrière cette lucarne où commence à se mirer le ciel bleu, — le dieu Spinoza révéré par sa philosophie. Grâce à elle, Manuel s'émancipa d'imbéciles certitudes voltairiennes qui, vers la quinzième année, le vinrent assaillir. Aujourd'hui, le plat courtisan frondeur, parasite des filles, abominable poète et pauvre

1.

écrivain, il ne le peut souffrir, ni la sardonique effigie qu'érige partout un libéralisme de bonnetier, face au comptoir du cabaret où triomphent les théories de l'idole. Le panthéiste hollandais enseigna une admirable synthèse : l'essence divine partout répandue animant toutes formes. Pour son usage propre, Manuel en tira ces conclusions que, les actes humains demeurant indifférents en eux, la morale ne vaut mieux qu'une hygiène sociale. Faciment ainsi l'existence lui paraît évidente, franche et féconde. L'homme fort persistera en parfaite courtoisie d'âme et de sentiment.

Les volées du carillon déploient sur la ville, avec un gracieux air d'ariette, l'avenir d'une heure nouvelle. Déjà roulent et tintinnabulent les chariots, et s'éveillent les forges. Des envols de pigeons éclatent par delà les toitures.

Ablutions faites, douché, gelé, peigné, culotté, les narines encore pleines d'eau, Manuel enjambe la jument à balzane devant l'immense glace du perron intérieur qui réfléchit ses bottes radieuses et son britannique costume terne. La bête encense joyeusement, cliquette de la gourmette, claque à quatre sabots contre les dalles, puis file par la grille en apothéose de galopades et d'étincelles.

L'ami l'attendait sur son alezan solide un peu gros d'encolure ; lui, blond, colossal. Ils trottèrent d'importance parmi un bas peuple lent et salueur, dans les senteurs de tannerie et d'huile fraîche ; ils passèrent les voûtes des remparts percés de poternes et de meurtrières. Un pont-levis gronda sous leurs bêtes ; l'eau guerrière bruissait là, au fond d'un précipice artificiel briqueté, bastionné et feuillu de peupliers dont les cimes n'atteignaient point la mi-muraille.

Après quelques propos sur leur commune vie militaire, ils aperçurent la campagne une et rase, strictement accointée, vers l'horizon, au pâle cristal du ciel ; vers où ils lâchèrent leurs fortes montures malaisément maintenues jusqu'alors.

Des bois s'infléchirent aux hanches des collines. Des moulins gesticulaient.

Eugène Doutrepuich sauta un fossé. Manuel sauta. Ils se sentirent dominateurs en ces plaines, immémorial patrimoine de leurs races, et maîtres de ces dociles musculatures de bêtes fortes qu'étreignait leur énergie ; maîtres de ces serfs peinant à travers les vagues aiguës du labour et dont gênait le salut servile. Ensemble ils se confièrent la certitude d'appartenir à d'anciennes familles vaillantes et conquérantes. Leurs noms : Manuel Héricourt, Eugène Doutrepuich, ceux des oncles, des cousins, les Beauglaive, les Caribert, les Vangoës, signifiaient-ils pas un clan de nobles gentilhommeries dont les particules et les blasons avaient sombré aux époques de renoncement humanitaire que voulurent Rousseau et les Encyclopédistes? D'ailleurs, tels ancêtres de chacun, l'échafaud révolutionnaire les avait abolis.

Aux « Parcs », ils changèrent de montures. La meute pressée contre les grilles du chenil hurlait son impatience de chasse par vingt gueules saigneuses et pantelantes.

Pendant qu'ils buvaient sous l'abri du pavillon rustique, le vent chanta, puis fouailla les ormes, les tilleuls, et souffla des nuées de cendres à la robe du ciel. Le brigadier vint au rapport avec ses piqueurs, gaillards hâlés, vêtus de vert. Le renard n'était guère facile par ce temps, mais il savait trois gîtes à lièvre.

On enfourcha de minces hunters ras de crinière, la queue coupée courte, et l'encolure inquiète au vent. Les chiens fêtèrent, s'efforçant de leurs larges pattes et tirant sur la laisse aux mains robustes du piqueur. Passés les taillis et le parc, on délaça de quatre pointers qui bondirent au fort des pousses nouvelles, rampèrent, doucement actifs, les queues battantes. L'air fleurait le bain ; les verdures des prairies s'assombrirent, et le dos blanc des chiens éclaira. La meute en réserve suivait les mouvements de ses chefs, avec une attention d'aventuriers guettant le hasard. Manuel sentit le gagner cette ferveur des bêtes chasseresses. Aux flammes de leurs yeux jaunes, à l'haleine haletante embuvant leurs gueules ouvertes, son âme se chauffa. Le cœur lui commença à battre, comme les artères bouillantes de son hunter qui tentait à chaque minute un galop vers le deuil des nuages.

La campagne bombait son ventre velu de courte verdure. Au loin, le brigadier, les mains en auvent sur les yeux, évoquait à Manuel l'image de quelque avant coureur d'invasion.

Un aboi saillit là-bas, puis deux, dix. La meute dégrafée s'allonge en un corps et sillonne la prairie, laissant à l'air d'immenses sanglots étendus, comme si elle pleurait en crainte de ne point atteindre le lièvre. Hop. Et un bref lancer sonne sous les bois, évolue dans les rides de l'éther et les rais de lumière échappés aux nues. Cela s'enfonce, pleurs et cors, diminue, devient un simple nocturne de théâtre joué piano derrière un portant de colline.

A poursuivre le son sans cesse dérobé, revenu, Manuel s'anime, tangue avec son cheval tendu et qui filera par-dessus herbages, sillons, éteules, si vite que la terre fuyante étourdit à voir, que les collines semblent abruptes comme des murailles où l'on grimpe, et les descentes, des parois de précipice où l'on tombe. A des détours surgissent soudain des pays autres : flèches des églises, et géants de nuages qui galopent aussi, tout gonflés d'haleine, la massue haute, à la mort de la bête enfuie au secours des pleurs éperdus des chiens. Contre le fil de la bise et dans les orgues mugissantes du vent, la poitrine s'amplifie, absorbe la campagne, l'essence de la terre. C'est tantôt la certitude de conquête et de triomphe, et tantôt ce factice effroi de se croire poursuivi par les génies de l'air qui froufroutent haineusement aux flancs du cheval et lacèrent sa chair essoufflée.

Plus proche le cor, plus blanche la campagne, plus limpide l'étendue. L'ivresse du triomphe va sonner. Déjà paraît la meute déroulée, hâtive par le brun du sol.

Au bord des taillis poindent, aigus comme dards, les hunters de l'ami, du brigadier, du piqueur, avec les évasures lumineuses des trompes. En pleine mer de sillons bruns, sous la coiffe du ciel, ils halètent vers la queue du lièvre. Elle brille. Qui devancera les chiens et cueillera la bête forcée? La fanfare monte violente, joyeuse. Manuel perçoit le hunter vaniteux, mieux que lui tâcher de tous muscles malgré la résille d'écume à son poil trempé. Lui, droit sur les étriers, pense, à des moments, par-dessus la bête, bondir : mais elle, plus vite, avance; et il se retrouve en selle, les reins élastiques claquant le cuir. Hap, hap : voici les cuisses des pointers marquées d'un D, les gueules sanglantes, Mira, la chienne de tête, qui le regarde et hurle de joie. Voici la bête dont il coupe l'élan. Elle se renverse, voit la meute, crochette, revient tomber dans la brusque volte du hunter, à la main du chasseur qui glisse au sol, l'arbore à bout de bras. Oh! la main dans cette fourrure

moite et les cris de la bête ébattue, et pleurs et sauts
féroces de la meute circulaire, toutes gueules,
baveuses ! A coups de botte il écarte leur hardiesse
contemple le décor qui palpite et bourdonne.

Triomphateur, sur cette meute domptée, sur
cette terre parcourue, sur ces hommes devancés,
sur cette toison où se crispent ses doigts forts, il
clame Hallali. Le cor rugit au terne de l'espace.

Longtemps, au retour, demeure en lui l'émotion d'épousailles nouvelles avec la terre. Il lui
semble être une efflorescence particulière de ce
sol, avec qui communia sa vigueur. Comme dans
la plaine, il vente encore dans sa poitrine. Comme
dans l'air, le monde vit dans ses yeux. Comme
aux bois, des musiques d'orgues ronflent dans sa
tête. Et les choses que peut embrasser son intelligence, l'espace les contient. Il mange la chair des
bêtes, la pulpe des plantes, les sels ; il absorbe
l'air et les essences, et tout cela concourt à la vie
de la mécanique humaine, à l'affinement de la raison qui dompte à son tour et transforme la terre
nourricière, qui l'arrose de canaux, la nourrit
d'engrais, la pare de moissons et d'édifices.

L'homme sublime par son organisme la matière planétaire qu'il absorbe ; il l'exprime en
fluide volontaire, en philosophies essentielles qui
s'objectivent et améliorent les rythmes des
choses.

Cette ivresse de se reconnaître tel qu'un levier puissant dans le cycle des Causes le rendait extatiques presque. Il avançait ébloui à la magie de l'air.

En sorte qu'au dîner de la famille donné chez l'oncle Beauglaive, il eut garde de trop dire, afin de se mieux tapir en ses réflexions.

Aussi parut-il ostensiblement dédaigneux des sentiments de bienvenue offerts par les cousins.

Pourtant l'ordonnance du festin lui mit à la droite Hélène Caribert, et à la gauche Mary Hanser, dont le mari placé en face prit une immédiate inquiétude.

Lors Manuel s'égaya intimement. A droite : le mariage, la vertu des lois conjugales, les blondes fiançailles depuis longtemps couvées par toutes les branches de la race. A gauche : la galanterie adultère symbolisée en cette jeune femme de sang espagnol, qui l'embrassait toujours sur la bouche par feintise d'enfantillage. Cela parmi les candeurs patriarcales des nappes et des vieilles argenteries, et les sombres portraits d'ancêtres sourieurs aux murailles.

L'oncle Beauglaive trônait en lévite bleue, le cou trois fois ceint de mousseline, ses bagues héraldiques aux doigts noueux de vieillesse. Mme Héricourt en apparence de marquise de Lancret et la vieille demoiselle Beauglaive, toute d'ivoire usé, occupaient les places d'honneur. Hephrem, Usmar et Charlisle, les trois amis du chef de famille, déployaient ensuite la dignité de lions anciens et de redingotes historiques, usant la courtoisie merveilleuse de leurs gestes envers les dames.

Après la réserve des premiers services, Hélène conquit décidément l'attention de Manuel. Il se contenta de converser du genou avec Mary Hanser par-dessous la table. L'époux se rassura.

Avec ses mines abandonnantes de vierge affable, Hélène Caribert sut mettre l'odeur de sa nuque aux lèvres de Manuel et lui faire dire ses triomphes de veneur. Ce qui lia les propos épars, car la passion de guerroyer contre les bêtes s'imposait communément.

L'oncle Beauglaive cita des prouesses d'antan, celles de ses doctes amis. Et cependant qu'il parlait, le silence scella toutes bouches. Il pérora par de solennels avis à la jeunesse. Il l'invitait à vivre dans la large campagne, à fuir les turpitudes urbaines. A l'adresse de Manuel, cela; aussi l'allusion rappelant les jeunes hommes, « qui, après avoir dignement payé leur dette d'obéissance guerrière reviennent plus robustes et meilleurs au sein de la famille, cette emblêmature de la grande Patrie qu'ils ont appris à aimer et à défendre jusque le sacrifice de leur jeunesse, de la vie ».

Ensuite le cousin Caribert discourut, les poings aux carafes, par belles périodes de procureur qu'il était. Il peignit les malheurs des temps : Dieu chassé de l'Ecole, les princes en exil, la persécution des moines, ces soldats de la Paix. Très haut, ses immenses favoris balayant la redingote, il ajouta que les adolescents devaient prendre garde à ces liaisons trop faciles de la jeunesse, ces immédiates amitiés qui naissent d'une simple rencontre, d'un plaisir commun. Le sanctuaire de la famille...

M. Héricourt, raide et dur, avança son court collier de barbe yankee et assura que Manuel ne se laisserait corrompre par les théories extérieures. Au reste, ses amitiés, il l'avait promis, sauraient se circonscrire au cercle honorable formé ici même près de la table patriarcale.

Hubert et Edward Beauglaive promirent de l'initier à tous les sports. Le cousin Caribert, sa femme Jeanne, aimable quadragénaire qui semblait tenir à jamais ses trente ans, déclarèrent leur maison de la Cité universitaire ouverte à l'étudiant philosophe, puisque telle était sa vocation choisie.

Manuel pressa l'ongle d'Hélène murmurant : « Nous nous verrons souvent, tant mieux. »

On se leva de table silencieusement. Les femmes ayant tout à coup interrompu les tête-à-tête de leurs confidences, Manuel sentit qu'une grave chose s'allait accomplir.

En effet, au salon où paradent dans leurs cadres enguirlandés des dames à paniers et chiens minuscules, des hommes poudrés, la main au jabot ; où les bergères, l'épinette et la chaise à porteur signifient l'époque d'installation ; dans ce lieu vieillot comblé de japonaiseries en saxe, de chinoises de Boucher, de marines et de chasses des Vernet, qu'éclairait le vieux jardin entièrement couvert de roses, — l'assemblée fit un vide circulaire.

Le jeune homme se trouva devant l'oncle digne, souriant et pâli, que les vieillards entouraient. Un instant, saisi de trouble, l'ancêtre secoua les longs pans de sa lévite bleue, puis s'avança et mit au doigt de l'arrière-neveu une bague héraldique en très vieil argent.

Sa voix dit alors les origines de la race, et les descendances : ces rois de Rascie, noble souche, chassés de leur trône par les Bulgares, accueillis par les papes d'Avignon et devenus gentilshommes de France, seigneurs de Flassan, barons de la Halle en Artois, puis dégradés et décimés par la conquête espagnole ; et les rejetons contraints de vivre sous l'apparence roturière pour tromper les haines impériales de la Maison d'Autriche.

Il fallait qu'un Beauglaive d'Héricourt relevât ces prestiges par ses mérites et par sa valeur. On souhaitait que Manuel le fût, cet homme d'élection. Du moins qu'il travaillât à parfaire l'essence de la race, toute loyauté et toute honneur ;

pour la rendre digne et capable de procréer le MESSIE!...

Fort ébloui par l'ivresse d'un dîner prolongé depuis une heure de l'après-midi jusque les vêpres, et les émotions un peu théâtrales de la fin, Manuel se décela médiocre fusilleur dans le stand du Tir aux Pigeons. Ce qui peina cruellement son orgueil, car la gentry du département s'y pavanait en gants grenat et en vestes havane, par-devant les trois hétaïres de la ville dont la berline louée se croquait le cuir au rude soleil de cinq heures. A peine parvint-il à voir luire sous les montantes fumées de la poudre la culbute de cinq volatiles lâchés par les ressorts des boîtes. Il manqua piteusement les dix autres et perdit cinq louis à la poule. Le marqueur manifesta du mépris. En consolation, il acheva de se griser avec le champagne offert par les gagnants, sortit, bouda ses cousins et les Doutrepuich, puis, l'âme galante, fut au rendez-vous convenu le matin avec Elise.

Arrivé trop tôt, il arpenta la place des Evêques, herbue, triste et déserte. Les murs du séminaire, les grilles du jardin botanique, l'Evêché et la Banque, encadrant cette immense place vide, lui parurent le narguer de leurs façades sévères, autant que l'allure gouailleuse du factionnaire épiscopal.

Aussi, dès la venue de la pauvrette, menue et

gentille, surmonta-t-il sa tendresse possible afin de conclure brutalement l'idylle par l'offre d'une pension mensuelle. La jeune fille se froissa, larmoyeuse.

Energiquement, il pivota vers d'autres avenirs.

II

GALERIE DES COMPARSES

Plus joyeusement, ce jour de fête diocésaine, les corneilles s'essaiment en circuits et croassent aux cloches battantes émancipées, — la multitude des corneilles citadines qui tachent de leurs ailes le firmament immuablement blanc, autour de la cathédrale pavoisée.

Elle vient, l'orpheline, ses lumineuses chairs flamandes massées dans une robe violette, des fruits plein les mains, avec l'attitude des Pomones fécondes, vers Manuel étendu sur un banc de gazon et qui rêve les philosophies religieuses, les mysticismes et les nirvanas. A l'opulente fille, docile écouteuse assise, il éploie la magnificence des rythmes humains que symbolisèrent les sagesses des hiérodules. Les fruits sucrent la bouche virginale. Les questions avides veulent de plus amples initiations. Doctement, il feuillette sa mémoire de disciple assidu, et montre les splendides images à Céline Vangoës, si blanche, sanguine de lèvres, laissant luire les reflets marins de son regard. Dressée dans l'austère batterie des cloches, entre ces grises murailles de couvent, elle joue de ses lourdes tresses écrues. Les corneilles lui tournent en auréole. N'est-elle pas, de ses hanches évasées, de ses bras liturgiques, la mère des humanités, le giron des consciences futures que doit procréer la vertu virile? — à ces sombres sonneries de vêpres, et sous le porche ogival de la chapelle crucifiée entre les boulingrins.

Blanches noces, et blancs baptêmes, théories de communiantes, sur les frêles pâleurs du printemps ; douces caresses conjugales devant l'âtre des hivers ; et joie de la moisson rentrée au portail : avec des simplicités d'Évangile, vivre ainsi jusque la pompe et les flambeaux des funérailles.

Manuel s'y essaya. Il fut, ces dernières semaines d'automne, le bon chasseur rentrant au monastère tout brûlé du cuivre des crépuscules. Il fut l'assidu lecteur de la grand'mère cireuse et gaie dans le fauteuil à fleurages, qui savait les histoires affreuses des Sans-Culottes : la jeune fille abreuvée de sang humain, et la pluie de feu qui détruira la terre au temps proche où elle empestera l'univers de sa pourriture de péché.

Malgré les coups de cet antique mouchoir armorié, il enleva le premier baiser aux doigts de Céline rosée. Il se fit maint soir chasser par la canne de la dame, quand la discrète clochette, les cortèges de religieuses psalmodiant l'office des veilles, commandaient le repos du couvent et la sortie des hommes.

Néanmoins, Eugène Doutrepuich le conquit parfois.

Ils retrouvèrent la débauche radotant au fond des ruelles.

Manuel ne sut que s'enfuir.

Les flancs sacrés de la Femme-vierge le prirent d'une hallucination et s'irradièrent à son amour comme les portes d'or d'un temple. Il y chercha la santé essentielle, les vases de vie, et la source d'une race nouvelle, forte parmi les torrents d'humanité.

A l'aurore d'un bal, et lorsqu'allaient mourir les lustres asphyxiés de parfums, il entraîna Céline pour lui mieux ouvrir son espoir de leurs êtres perpétués dans les âges, heureux de parfaire les rythmes de race jadis entrepris. Mais elle ne lui offrit que l'ivresse d'un grossier sensualisme charnel, les honteuses confidences d'une pensionnaire dévoyée, prise déjà toute par les amours stériles des sexes égoïstes et par les caresses savantes des mauvaises vierges.

Manuel se déroba. Et dans cette assez lointaine préfecture, en consolation, il mena la mode. Sa connaissance superficielle des littératures, ses longs séjours aux bibliothèques, lui prêtèrent un verbe facilement dominateur sur les jouvenceaux rustiques. Ils n'essayèrent plus dorénavant que de le surpasser par des triomphes sportifs. Même il tenta quelque temps d'acquérir cette suprématie. L'épreuve ne réussit point. Jamais il ne sut, comme Edward, abattre douze pigeons sur douze, encore qu'il passât des semaines sous la tente du tir à effaroucher des volatiles. Il n'atteignit point au pistolet la force d'Hubert, qui coupait à trente pas et d'une seule balle un fil de laiton tendu. Cependant il s'obstina de rage, achetant des armes diverses de forme et de portée, sans résultat appréciable. Tout l'hiver il demeura, malgré pluies et neige, au fond des remparts, dans le stand humide et fumeux, l'œil aux cibles, le front cerclé de migraines par suite des tournants nuages de poudre.

Il conserva cependant la supériorité de monter admirablement à cheval et de boutonner trois fois sur six les maîtres d'armes de la garnison, en tout assaut. Il adora le cliquetis des lames, les sonneries de timbre aux coups reçus sur les gardes, et la molle sensation de l'épée pliant contre la chair adverse. En ces deux sports il demeura l'égal d'Eugène et de Lélian Doutrepuich.

Mais il se hâta de feindre pour ces exercices corporels tout le mépris d'une âme sublime et capable de vivre strictement en soi.

En cette vieille cité carillonnante, noire d'âge, de corneilles et de religieux, il importa les bottines anglaises, plates de talons, les cols-carcans, les cannes à béquille et les favoris russes. Aux endroits semi-publics, dans l'obscur des nuits, avec une dissimulation de bon goût, il promena des hétaïres à toilettes exorbitantes, envoyées de Paris par un sien camarade.

Aussi parvint-il à jouir de toute la gloire provinciale. Après la chevauchée du matin, il sortait en veston gris-clair vers midi, l'heure où par la rue Saint-Aubert les dentellières joliment sanglées de mérinos pépient, sautèlent aux lieutenants. Muni des journaux mondains, il persistait sur la place marchande près les éventaires de fleurs et se chargeait les bras de bottes fraîches.

Car les courbes juvéniles des fillettes l'amusaient, et surtout le costume gris-argent d'une mignonne à prunelles siciliennes. Elle mouvait des hanches solides et furtives sous une robe puérilement courte. Et le saut de la tresse brune rubanée de nacarat, au détour de la place !

Une sieste, la lecture du roman nouveau, l'escrime ou le tir le menaient au repas de huit heures. Après le dessert, il retrouvait la rue en même animation que celle du midi, et les yeux siciliens, et le plat col blanc d'où saillissait une nuque creuse, délicate, parfois résillée d'une traîtresse mantille.

Ah la robe argent qui drape contre la voûte formidable du pont-levis !

Les lueurs des rares lampadaires cuivraient,

pour l'admiration des jeunes noctambules, son court paletot mastic. Enfin, aux bougies du cercle, il jouait impitoyablement le whist six heures de suite, et sans quitter ses gants.

Quand l'autorité en ces matières lui fut de partout dévolue, Manuel Héricourt couva de plus hautes aspirations. Il répudia le stand et l'escrime, s'enferma chaque après-midi en sa chambre, dont les trois grandes fenêtres découvraient la place du Gouvernement, herbeuse, déserte, ombrée d'ormes, ceinte de vieux hôtels lustrés et gris de deux siècles. Et il médita.

Le besoin d'être nommé par les gazettes et par la voix des peuples, de se savoir envié, cher aux foules ou haï d'elles, ce besoin lui torture les mâchoires impatientes, aux heures où il se croit incapable de réalisation. Il se rêve le dictateur en triomphe chevauchant sur les terrains de batailles; il organise les phalanstères harmonieux créés par sa philantropie sociale; aspire au communisme universel rétabli sur l'autorité évangélique, imposé par la croix et les évêques, vaste cléricature œuvrant la doctrine de charité pour l'émancipation humanitaire des plèbes. L'état politique lui parut le moyen. Car l'historique de la famille, ses légendaires offices de guerre ou d'administration — *Calamo et Ense*, affiche la devise des monuments funéraires — préparaient les voies. Il convenait seulement de faire valoir sa propre individualité dans le milieu originel.

En ce dessein, il fréquenta plus assidûment encore le Cercle, y installa sa vie ; d'autant que les pluies froides liaient la terre au ciel d'un réseau, que le gibier de plaine ne se laissait plus guère joindre, et que les bois n'étaient encore suffisamment dépouillés pour permettre leurs ébats aux chiens de courre.

Charlisle Cœuvres, ancien garde de la porte du roi Charles X, le séduisit tout d'abord par sa taille, sa face noble et ses rosettes d'honneur ; Hephrem et Usmar Désormes offraient une prestance moins affable, non sans dénigrement pour la jeunesse actuelle. Ces trois chenus magnifiques lui furent habituels partners du whist. Mais il cédait la place quand l'oncle Beauglaive paraissait, le revers toujours fleuri d'une rose blanche.

Si Manuel commettait une hérésie de jeu ou de doctrine, les quatres tabatières d'or sonnaient sur la table, et un silence contempteur planait sur la contrition du jeune homme.

Cependant ils ne laissèrent point de l'encourager au très noble but de ses ambitions. L'âme de la ville, sa psychologie et sa dynamique, ils les révélèrent, afin qu'il en connût pour ses actes publics.

Du balcon du cercle, on lui montra défiler, un jour de fête sonnante, les théories de concitoyens. A des concours en Hollande, ils avaient obtenu médailles, mentions et prix, décernés non moins à leurs mérites instrumentaux et de vocalises qu'à la pléthore admirable de leur bétail.

Donc, parmi les étendards et les fanfares, entre les haies de peuple et les chœurs, sous les arcs démocratiques et tricolores parurent : d'abord, sa figure poupine, blanche et grasse de virtuelles banqueroutes, le joli président de la Lyre du Commerce, porteur de bouquets offerts par les dames de boutique ; ses adjoints ensuite, importants spéculateurs de céréales, riches et le montrant par leurs doigts bagués : l'ex-tambour major, héroïque et géant, décoré de Sébastopol, sauve-caniches, empêcheur de suicides, arrache-incendiés, batteur d'ivrognes, cuirassé de plaques commémoratives, et qui élevait la lourde bannière cramoisie, palmée, laurée, couronnée, décorée, resplendissante ; derrière, gonflant leurs bajoues contre de tristes cuivres, les maigrettes silhouettes d'ouvriers sans honneurs et travestis en chefs de gare.

Tel marchait le parti opportuniste, « la Place », disait-on, par égard pour ces boursiers du grain, immémoriaux habitants des maisons hanséatiques. Grâce à la Lyre, ces potentats gratteurs de théories moralisatrices, prétendaient tenir chaque soir les prolétaires assagis devant des partitions, et les soustraire ainsi à l'alcoolisme atavique. Plutôt savait-on par là contraindre les votes des salariés, sous la menace immédiate du chômage, s'ils n'obtempéraient aux injonctions politiques du comité. D'ailleurs la préfecture guidait les assemblées extraordinaires de l'Association, convoquée les veilles de scrutin.

Après deux truies charriées triomphalement en dog-cart par l'orgueil d'un propriétaire à primes, la Société de Gymnastique scanda ses allures martiales, sac au dos, guêtrée, basanée, poussant un hymne patriotique par les voix muantes de ses féroces éphèbes. Un avocat boiteux, long vêtu de noires étoffes, un autre avocat prognate arboraient les couronnes et les fleurs, dons d'amoureuses grisettes, à l'enthousiasme d'une foule farouche et guerrière. Tel marchait le radicalisme chauvin, terreur de « la Place ». Les éphèbes, au passage, hurlèrent par bravade au Cercle un refrain allusionniste de la Marseillaise.

Manuel jeta négligemment son cigare embrasé au fort de leurs rangs. Des injures montèrent, mais les ordonnateurs de la cérémonie activèrent la marche, car d'un café voisin, les lieutenants affichaient de rire et de bruire impertinemment à ce militarisme. Déchue de toute tradition hermétique, survint alors la Loge maçonnique, sous l'apparence de rubiconds orphéonistes flottants en abominables habits de noces, le torse pavoisé de moire écarlate, et blasonnés aux armoiries de la ville. Mais la multitude siffla outrageusement pour ce que, étant très ivres depuis trois jours, les Membres Ténors n'avaient pu dessouler à l'heure du Concours. Un prix perdu.

Enfin, pour conclure le cortège, la Philarmonique, sobrement représentée par son sacristain porte-bannière et sa grosse caisse : l'apostolat des nouvelles couches réactionnaires, marchands enrichis depuis la Restauration par la betterave et l'huile de pied-de-bœuf. Pour se hausser au ton, ils faisaient bâtir d'abominables villas de briques à donjons, et souhaitaient le Trône et l'Autel. La bannière inclina ses médailles devant le balcon. Ces messieurs du cercle saluèrent en quelque négligence, simplement pour ne paraître désavouer cette légion militante, mais triviale.

Ce fut à ces éléments électoraux que Manuel se dut livrer. Même, les vieillards lui facilitèrent la traite politique, et ne lui ménagèrent que trop les accès. Il fallut, sous peine de perdre tout sérieux, hanter le Cercle catholique d'ouvriers et la salle de l'Association philharmonique. Dans ces honteuses granges nues, blémies de gaz dur, il entendit tituber l'intelligence musicale de ses concitoyens. On lui exposa d'absurdes théories locales dénuées de conception logique. Tout se bornait à faire surprendre et les voix d'un canton et la vertu influente d'une femme légère, au moyen de quelque jouvenceau robuste; ou à maintenir les tenanciers dans la bonne voie par la constante menace de hausser les fermages et de faire vendre les mauvais payeurs.

Puis d'affreux racontars, des papotages d'office. On commentait les sorties crépusculaires de la comtesse de Hautmont, les voyages à Paris de ses fils. Ne les avait-on pas vus accompagnés de drôlesses boire à la terrasse des tavernes! L'ancienne noblesse excitait parmi ces gens, soit une envie, soit une admiration d'humbles. Eux-mêmes se lacéraient la réputation d'histoires de cour d'assises. Ils disaient de rapides héritages obtenus par le poison; comment telle magistrature civile vendait ses verdicts ainsi qu'au bon vieux temps; et la sordide origine des fortunes. Un certain Voyenvau, que le hasard avait rendu détenteur d'importants secrets pour la fabrication des huiles, trônait ignoblement avec sa richesse fraîche et ses manières puant le vernis neuf. Ses fils idiots et myopes s'éduquaient aux séminaires aristocratiques; les Pères, bien qu'ils ne pussent éclairer leurs fuligineuses intelligences, les gardaient par politique et commisération.

Leur luxe dégoûtant et cossu navrait. Manuel Héricourt se chagrina. Son âme refusait patience à ces immondes balivernes alternant avec d'atroces musiques choisies dans les plus vulgaires opéras.

Confiant ses déboires à Héphrem Désormes, ce vieux chasseur le moralisa. Ainsi que la soif et la piqûre des intempéries, il lui fallait subir ces inconvénients, par bravoure, afin d'atteindre la venaison poursuivie et les dépouilles.

— Ah jeune homme, le décor ! le décor ! Retranchez-vous hors du décor. Vivez en vous ; ne soyez pas épars aux apparences des choses.

Manuel comprit sa faiblesse, et la vanité de l'entreprise, s'il ne savait vaincre ces premières, ces nauséeuses impressions.

Il étudia. Il se voua. Les livres et les opuscules nourrirent ses veilles. Bientôt un plan de conférences, tant philosophiques qu'historiques, s'érigea, digne de prévaloir sur la nullité embryonnaire de ces esprits. « Du christianisme comme synthèse des religions antécédentes. » « Du christianisme comme théorie de communisme, sous la paternité du plus savant et du plus humble honoré de la tiare pontificale. » « Du christianisme comme seul possesseur des moyens pratiques et immédiats de satisfaire aux justes revendications prolétaires » En style ample, à la Bossuet, les diverses homélies devaient exalter la magnificence féconde du catholicisme devenu levain de transformation sociale.

Ces projets furent affablement accueillis. On le pressa d'y pourvoir.

Un soir, durant le repos des flûtes et des violes, il entama son exorde pleine de précautions oratoires ; il redoutait que ses vues sur la centralisation du capital fissent hurler un auditoire de propriétaires.

Personne ne hurla. Mais des conversations particulières, basses, se commirent en tous coins. La péroraison finie, et, sitôt octroyés les applaudissements d'usage, il aperçut Voyenvau qui, juché sur un siège exhibait avec orgueil une clarinette d'argent massif.

— Oui, messieurs, cinq mille balles. Rien que ça. Et on peut dire que c'est pas de la camelote.

Ce qui révéla l'objet principal des entretiens unanimes chuchotés pendant le discours.

Déconfit et furieux, Manuel descendit de la chaire. Au bas, un gentleman sympathique le vint hautement féliciter.

Ils causèrent. Le nouvel ami, journaliste conservateur, confia d'anciennes illusions pareilles, vite fanées par le méphitisme cérébral des êtres.

Ce fut entre eux, subitement éclose, la toute vigueur d'une parfaite et docte affection. Ensemble ils quittèrent cet antre de pauvretés, et furent les soirs suivants, tenter la Parole vers les intelligences populaires, sans doute plus exemptes de bassesse.

Là, le Père-Directeur de l'Institution exigea de lire par avance les homélies. Ils les rendit criblées de ratures à la sanguine. Hélas ! ils ne savaient pas ! Malgré la candeur de leurs intentions, ils renouvelaient les hérésies les plus abominables.

condamnées par les conciles et les Pères de l'Eglise. Puis son indulgence avoua n'être point, en ces matières, d'une inébranlable austérité. D'ailleurs les ordres récents de Rome autorisaient une plus large gymnastique de l'esprit chrétien.

Néanmoins l'intelligence des pauvres hommes, toujours portée vers ce qui semble flatter leurs secrètes passions, demeurait incapable de connaître leurs droits le mieux établis, à cause des perturbations mauvaises et des violences que pourrait faire surgir en eux l'évidence de leur asservissement. Lamennais encourut des blâmes pour ces motifs d'ordre supérieur. C'était ouvrir l'écluse aux péchés de révolte, de colère, de meurtre peut-être.

Pourtant, il consentait à l'expression de certaines doctrines aussi salutaires qu'ingénieuses, épandues en diverses parties de ces discours, et qui, certes, notaient leurs auteurs comme de bien curieux et savants philosophes.

Résolus de poursuivre la tâche à n'importe quelles conditions, ils persistèrent. On les introduisit dans une triste salle de classe, où des hommes loqueteux, las des besognes diurnes, dormassaient à la chaleur du poêle rougi.

A leur entrée, le bruit d'une claquette et la voix d'un moniteur contraignirent ces hommes à se lever d'ensemble comme des écoliers. Des vieillards barbus et chauves s'étirèrent péniblement. Manuel sentit la haine latente du troupeau dont ils venaient rompre la courte quiétude tant gagnée par les rudes labeurs des bras.

La Parole n'obtint aucun succès. Le catholicisme de ces gens reposait sur la superstition ou l'habitude. Beaucoup de sournois se montraient sensibles aux seuls bénéfices que leur valaient des apparences dévotieuses; et ce fut d'une joie ineffable qu'ils regagnèrent, le sermon fini, le billard et les jeux de dames.

Pour cette fois, définitivement las et battus, Manuel et le journaliste Cellarion convinrent de porter leurs efforts vers de plus hauts cycles intellectuels, et hors de la pratique.

Combien ils préférèrent, vers onze heures, le thé du club en compagnie de frais vieillards anecdotiers !

Auprès d'eux, Cellarion brilla par des théories plus exactement politiques. Les luttes actuelles et les individualités, la stratégie parlementaire et la géographie électorale lui parurent familières aussi bien que leur usage. Et les quatre tabatières d'or plus fréquemment s'ouvrirent, pendant les pauses plus fréquentes du whist, pour aider l'attention des beaux vieillards, rajeunis et neigeux.

Blancs salons impériaux du Club, où glissent d'écarlates valets porteurs de flacons, où la tendre lueur des bougies se darde aux corolles, aux floraisons cuivreuses des torchères; — là ils aimèrent établir leurs discussions théoriciennes, enlacer les guirlandes de leurs arguments.

Parfois, au chaud d'une discussion sur la branche Neundorf et la légitimité française de « Don Charles », ils se trouvèrent entourés par tous les membres du Club, admirables approbateurs. Au renouvellement du comité on nomma l'oncle Beauglaive président, et on l'entoura, pour conseil, de ses habituels amis. Le cénacle rénova les règles. On dut paraître en frac trois soirs la semaine. Des actrices de Paris vinrent dire des comédies de Marivaux sur l'étroit tréteau construit tout exprès. Il y eut deux avant-scènes particulières retenues au grand Théâtre pour l'année.

Jours de triomphe, ces lundis de représentation. Les loges se fleurissaient des habits rouges de Cellarion, de Manuel et du jeune groupe ; des habits bleus barbeau et boutonnés d'or imposés par les ancêtres aux mesquineries noirâtres de l'orchestre philharmoniste. Le parterre des gymnasiarques, d'abord stupéfait, tenta des lazzis, mais le balcon du Commerce, les secondes loges et le paradis mugirent en faveur du Club, fleuron des aristocraties départementales.

Les occupations de secrétaire prirent à Manuel une grande partie du temps. Le journaliste l'y aida. On travaillait chez l'oncle Beauglaive, dans un cabinet tendu de soies algériennes lacées d'œufs d'autruches.

Les fenêtres ouvraient sur le grand jardin en frimas. Par-dessus les murs montaient les remparts et les détonations du stand assez proche.

On élabora le plan définitif de la campagne réactionnaire que couvait le Club. On écrivit au Roy.

L'ancêtre ne tenait sa liesse. Sa fistule lui laissa répit. Il remonta quotidiennement le pur arabe de robe blanche. Le harnais en guillochures d'argent portait aux œillères de pâles roses chaque matin envoyées de Nice par les Héricourt.

Par la glace des routes, vers l'horizon de sillons gelés et de ciel clair, il garda la tête de la cavalcade légitimiste, à la promenade de méridienne.

Revenu au logis, il ne délaçait ses éperons ni les hautes guêtres de drap cachou, enveloppant ses alertes jambes jusqu'aux culottes de casimir.

Tel, le premier de l'an, il reçut, le salon tout floré de lis de serre.

Le soir, après un gala de quarante couverts, il fit lever son monde et lut une affectueuse lettre de Sa Majesté, venue de la terre d'exil.

— Vive le Roy, Messieurs ! A la santé du Roy, Messieurs !

Sur son exemple, chacun brisa la coupe de champagne, afin qu'elle ne put déchoir pour d'autres toasts.

La lettre, publiée dans la feuille réactionnaire

locale et dans la « Gazette de France », dora le nom des invités.

Le deux de l'an, pour fêter cet incident heureux, il fut organisé un laisser-courre vers une proche forêt, vierge de chasse depuis quelque dix ans.

On se donna le malin plaisir de faire sonner le Réveil et le Départ par onze piqueurs, à trois heures et demie du matin, et sur la place du Gouvernement. La préfecture ahurie s'éclaira. Des ombres longèrent les fenêtres. Le maire arriva dans sa carriole hâtive.

Lorsque les deux fonctionnaires voulurent, du balcon, en imposer par leurs prestances officielles, la Royale battit l'air, tandis que le carillon du beffroi ténorisait à la lune blanche sa vieille ariette de cour.

Cependant l'ancêtre flattait Selim, tordu de délicieuses courbettes. Enfin, l'équipage hurlant par ses vingt-deux gueules, les chasseurs défilèrent, devant lui qui, par suprême ironie, lança sur le balcon préfectoral une touffe de lis.

Le soir, on revint aux flambeaux, muni d'un assez gros solitaire porté en fourche sur les épaules des valets. La police garnissait les portes jusqu'au logis de l'oncle. Il chevaucha digne et triomphal en sa lévite bleue, le fouet aux visages de la populace.

Une fièvre guerrière saisit les jeunes hommes. Les décrets contre les congrégations s'allaient exécuter.

On ne quitta plus le stand ni la salle d'armes, où les officiers reçurent ordre d'y paraître moins tant compromettaient les relations avec le club.

Edward, qui s'occupait de sciences exactes, composa des mélanges détonants. On s'anima des nuits entières en conversations terribles où tremblaient les pièces ornithologiques du laboratoire. Les cornues mijotaient, les alambics distillaient, les hommes feuilletaient les bouquins compétents.

Lélian Doutrepuich, lieutenant d'artillerie, donna sa démission en termes excessifs.

Puis ces fameux décrets tardant à s'accomplir, on s'apaisa.

Seul Manuel ne put calmer son effervescence. Il s'indigna de la tiédeur générale. Avec Cellarion, ils s'isolèrent en longues courses à travers la campagne, décrivirent sur le bleu du ciel, par larges gestes, leurs desseins sanguinaires.

Eugène Doutrepuich toujours en laisse de filles, ils le négligèrent. Lui pourtant eût voulu briller avec eux. Quand les averses reprirent, ils profitèrent de son break et des « Parcs » où, dans un enclos, on tirait efficacement le lapin.

Son aménité prit coutume d'offrir le souper du retour dans une cuisine d'apparat dallée de florales céramiques et aux bahuts nantis de vieux étains. Ils y rassasièrent leurs appétits sous de lourds candélabres en fer dédoré.

Eugène savait émouvoir la chair. Il contait de

malignes aventures érotiques, le feu aux joues, et son large rire ridait la bière des pots de grès à devises de beuverie. Les amis, dans l'obscur des averses nocturnes, il les lançait aux jupes des dentellières. Piétinant par les flaques, violant les pudeurs maussades de laides filles à peine entrevues à la triste lueur des réverbères, ils se satisfaisaient à mettre les lèvres aux corsages sur les couples de mamelles tièdes.

Ah! l'intangible robe d'argent, les pupilles siciliennes, le ruban nacarat s'enflammant aux rayons du gaz!.. Elle s'évaporait sous l'évasure des parapluies, et le tapage monnayé de l'averse.

Leur jeune sang chantait de désir.

Aux murs vert-pomme du concert, à la hideur des romances éplorées par les gorges grasses des chanteuses, ils frottaient leur éréthisme trempé d'alcool et trembleur. Des gouges s'y venaient rabattre après la sonnerie d'appel et l'extinction des feux aux casernes. Quels galetas ! Et le suif ignoble des chandelles, coulant comme le refrain éraillé de la fille ! Manuel, dans le dégoût de soi-même, puisait un formidable rut de brute qui broyait la malheureuse, surprise, éperdue du miracle amoureux.

Lui-même, ivre et moulu, les os en éclats, retrouvait la honte de ses amis attablée aux encoignures du concert. Et, sans se rien dire, en une hébétude de déroute, ils jonchaient les tables.

Une minuit, l'avocat républicain les découvrit en cette mort. Il s'en fut bonimenter aux membres de la Lyre du Commerce revenant d'une répétition tardive. Aux huées de la foule, Manuel se dressa. Une bête de haine se démenait en lui. Il se vit, étreignant la gorge de l'adversaire déjà bleu, et ses doigts lui pétrissant les chairs. On l'en arracha. De ses gants, il gifla le monsieur, et de ses cartes.

III

FROLEMENTS

La gloire des pistons éparpille la renommée du Cirque au ciel livide, aux maisons cendreuses, aux foules niaises, aux croassements des corneilles, aux glas des cloches :

Splendeurs d'or sur les moulures des carrosses historiques et les hardes violemment hongroises de la cavalcade ;

Pompe de pourpre sur les corps des amazones polonaises, sur les conques des voitures chargées de musiciens et des fauves des déserts ;

Magnificences asiatiques sur les carapaces monumentales des éléphants, sur les turbans des jongleurs et les bosses des dromadaires ;

Et terreur de sauvagerie avec les chevaux dépeignés des savanes, la hideur des nègres, les plis des pavillons d'Amérique, et la stridence des cymbales :

Ainsi déboucha sur la place l'épique cortège parmi cent affiches bruyantes et polychromes.

Manuel sortit de la chambre où le rongeait la

fureur de n'avoir pu briser ni trouer ce drôle radical, dont la couardise avait répondu à tout cartel : « On ne se bat point contre un moutard de vingt ans. Que me veut-il, ce gamin? S'il recommence, nous aurons la correctionnelle. » D'ailleurs ses amis eux-mêmes avaient écarté la possibilité du duel, chose assez inconnue dans le pays, et qui déconsidérait.

De huit jours il n'avait voulu voir personne. Et c'était, ce midi-là, sa première apparition publique sur le balcon ventru de la demeure familiale. Or il reconnut au portail les yeux siciliens, la robe d'argent, la face mate ouverte au spectacle inouï, les pâles fines mains posées aux hanches. Sur les pointes des bottines elle se haussait contre l'une des colonnes domaniales.

Comme il contemple, le cœur tranché d'angoisse, cette pente unie de la poitrine indécise, et ce lacis des frêles frisures! Les musiques et les couleurs, et les drapeaux dominaient, la foule hiémale grise ou noire. La fillette se sentant vue, doucement leva sa figure, reconnut, et son sourire s'irradia.

Les entrailles de Manuel lui semblent se crisper. Ses nerfs se tendent et vibrent. Le spectacle fond dans le brouillard lumineux d'un éblouissement où il neige rouge et vert.

De retour à la conscience, il cherche; il aperçoit

la fuyante natte au ruban nacarat enfuie vers le luxe asiatique des éléphants et des jongleurs. Un rire s'effile plus aigu que l'ariette envolée du beffroi et les sonnailles.

Alors, furieux contre lui-même : va-t-il être le Werther imbécile et le Fortunio des livres, ridicule versificateur suicidé par amour ! Quelle sottise ! ce trouble pour le regard d'une fillette de magasin, maure de visage et de chevelure.

Ah ! qu'il s'aille plutôt, maladif et faible, reposer à l'hygiène rustique du château, où reprendre les études si lâchées de la ville universitaire.

Oui, son état fébrile des derniers jours explique ce malaise fortuit qui le put surprendre et cette extraordinaire émotion pour un sourire féminin dont il se soucie peu !

Cela subtilement démontré et prouvé à sa dolente imagination, il se retrouve, vers le soir pourpre, aux stalles du cirque, épiant de place en place la figure corrosive et mate, et cette robe d'argent.

Les gymnastes décrivent leurs paraboles planantes sur le lustre et dans les cordages. Le matelot naufrage sur son cheval écumeux et nage, et prie, et ressuscite, avec ondoiements de drapeaux britanniques.

La saura-t-il reconnaître sous des vêtements de fête ?

L'Auguste crève sa vessie postérieure, attrape

au vol les soufflets et le bonnet, brouille son visage de confiture et de craie.

Miss Caoutchouc, une belle fille, s'infléchit en cariatide renaissance, fait saillir sa gorge, avec un sourire charnu et des yeux piquetés d'amarante. Simiesque, a droite des orteils, ronde comme un anneau, sinueuse, vipère lovée, comète en voyage que drape son blond manteau de cheveux ondulés, la magique créature s'évertue, sérieuse et plastique. Quelle souplesse des reins incite Manuel à l'espoir de perverses voluptés? Sur quelque soie obscure, cette blonde chair étendue en paysage humain d'ombres et de dômes, de nacrures, d'étangs, de moissons mûres : quelles explorations!

Son désir la joignit au milieu de l'arène, et la pénétra d'effluves vigoureux, car les poses les plus inviteuses, elle ne manqua pas de les venir dessiner à son regard.

Tant, qu'il se grisa. Et, lorsqu'elle bondit de ses tremplins vers le vomitoire, expédiant aux applaudisseurs les rayons de ses baisers, il gagna les vestibules, se planta devant la loge, ne la laissa entrer qu'avec promesse de souper en sa compagnie.

Elle ne frustra point son légitime espoir de chaudes caresses. Elle ignorait la langue de France. Il savait à peine dix mots anglais. En sorte qu'il rentra très fier, gardant l'écho de timbres furieux et délicieux.

Au lendemain, le Cirque ployait la tente vers des cités plus riches.

Sut-il discerner laquelle des deux causes lui fit quitter brusquement sa demeure à la suite de l'héroïque carnaval et chevaucher par l'âpre vent des Rois? Fut-ce la robe argent et le sourire corrosif qu'il voulut fuir ? Fut-ce les baumes corporels de la gymnaste dont il se voulut imprégner encore? Jamais il n'osa se répondre.

Maints jours il trotta dans la poudre des routes, au flanc de la roulotte énorme et bariolée, près du balcon dédoré où sa maîtresse assise laissait l'amour lui luire. Il apprit les chants de tous les carillons, et les romances des gypsies qui évoquent des civilisations mortes, des Ninives et des Sodomes enfouies. Au bivouac des Sorcières, il fuma d'atroces tabacs verts, il reconnut, en leurs visages d'orange et de bistre, les yeux arqués des femmes illustrant les stèles d'Egypte.

Elles lui enseignèrent des vulnéraires et des philtres.

Oh! ces veilles de nuit sans lune, au milieu des champs qui hurlent leur solitude! Dans les fumées du camp-volant trépignaient le délire des filles et leurs rondes lentes, et grinçaient les guitares des matrones échevelées, et palpitaient en ses mains les désirs, en ses lèvres les lèvres, en sa poitrine les cheveux de l'acrobate amoureuse, silencieusement.

Ces aubes livides sur l'océan des terres, ces aubes mirées aux mares furtives, aux yeux de l'amante, cependant que vagissent les dernières querelles des hommes et que grogne l'ivresse payée de son or.

La femme fleurait alors le fort arome des lionnes et des ourses dont les rugissements et les haleines obscurcissent l'Orient natal.

Et, d'un geste formidable, la tribu ressurgie insultait au Soleil, ce père qui l'avait exclue des antres d'origine.

Manuel se complut à cette existence d'anciennes races nomades, marchant en vertu d'atavismes migrateurs vers les pays d'Occident, puis dévoyées, n'ayant en nul lieu trouvé la terre promise chez les barbares incrédules à leurs sciences divinatoires, railleurs à leurs oripeaux, cruels à leur hiératisme mystérieux. Et les femmes avaient des chairs de soie coupante, râpeuse, des muscles de feu, des ruées de fauves, et puis de graves hymnes qui endormaient comme un philtre.

Il s'y absorbait, oublieux des choses.

— « Ah te voilà, coquin, coureur de grandes routes. Viens te faire raser d'abord. Nous déjeunerons ensuite. Depuis vingt jours, on court après toi sur de vagues indications de police. Mais la famille te pleure, malheureux ! » Sur leurs fortes bêtes poudreuses, Edward et Hubert lui riaient en leurs moustaches blondes et longues. Sayons jaunâtres de forme saxonne, fortes cannes brandies au ciel, devant cette horde d'asiatiques et d'africains sournois, félins : Manuel n'y voyait qu'une rencontre de deux rythmes humains aux âges d'invasion.

Stupide, émerveillé de concevoir cela dans l'espace de terres nues où fumait le camp, il ne pensait à rien dire, embrassant les luttes des peuples, la continuité des cycles nationaux développés à travers les péripéties de l'histoire.

Jusque son retour à la demeure de famille il ne se détacha guère de cet imaginatif décor.

Il retrouva son père sévère, sa mère alarmée. Revenus de Nice pendant son absence, ils n'avaient trouvé de lui qu'une courte lettre annonçant un vague voyage. Elle n'avait pu calmer leur inquiétude.

Ce fut la première scène de famille grave pour lui depuis sa quinzième année. Ainsi qu'aux époques de son enfance, le Père se dressa terrible et justicier. Le compte ouvert à la banque, on y avait trop largement puisé ; l'Université on l'avait délaissée ; la réputation on l'avait salie. Quelle honte, cette histoire du radical trouvant ivre, au fond d'un bouge, l'homme qui briguait l'honneur de représenter le parti légitimiste !

Ressources taries ; le club défendu ; sans argent comment sortir ou chasser ! Manuel s'enferma, piteusement.

Mais le père envoya des livres à commenter,

des paperasses à classer. Lui-même, il relança son fils. Ce fut une perpétuelle tyrannie de cet homme, séché par les rancœurs politiques. Jadis haut fonctionnaire de la Cour impériale, les Républicains l'avaient dépouillé de ses charges, de son prestige.

Il édifiait une œuvre diplomatique propre à réduire les attaques courantes contre l'ancien régime. La misère immuable du peuple, des paysans, la démonstration de l'absurde mesquinerie boutiquière régnante fourniraient, avec des statistiques sûres, les bases de cette gigantesque plaidoirie.

Il attela Manuel à l'œuvre pédante, timide et pompeuse. Pour une date nécessaire, quelque fait obscur des chronologies, quelque notion scientifique, M. Héricourt interrogeait. Si le fils hésitait ou niait savoir, quel reproche aigrement émis : tant d'argent dépensé pour l'éducation ! Jamais le travail ne l'avait saisi. La fainéantise autrefois, la débauche maintenant ! Une honte, que pareil godelureau fût issu de son sang !

Non seulement en tête à tête, mais devant les personnes étrangères, il manifestait ces avis odieux ; sa pâle et froide stature se crispait, avec ses sobres bagues d'or, et sa bouche sans lèvres. Il aurait presque voulu battre ce brigadier de dragons comme le pauvret collégien d'antan.

Manuel prit refuge auprès de sa mère, de sa sœur.

Il fut l'assidu de leurs thés, le jouvenceau galant aux dames, qui sait les nouvelles et machine les complots de société.

Mme Héricourt lui réforma la toilette. Pour les salons des amies, il versifia sur tambourins, peignit des éventails à la gouache. Il tapissa de taffetas gris la chambre de sa sœur Juliette.

Très vite elle le conquit, la folâtre fillette de seize ans, à ses mines joueuses, à ses gestes retirés, à ses tapes sèches. Ils ourdirent ensemble des niches contre le père. A l'heure matinale où il attendait Manuel et son érudition, frère et sœur prirent coutume de chevaucher.

La mignonne en bleuâtre amazone, le voile collé sur la lame de son visage, galopa des heures contre la chanson de l'eau bruyante et sous la bataille des branches éventées.

Sa malicieuse curiosité eût voulu connaître quelle aventure et quels épisodes avaient fâché le monde contre son frère. Rose de pudeur, elle demandait comment avait agi, dans ce camp de Bohémiens, l'oisif Manuel.

Ravi de voir la vierge s'évertuer à cette stratégie perverse, il taquina son instinct par de mâles réticences, et l'affectation d'un rigorisme moqueur. Le siège qu'elle entreprit contre sa discrétion lui causa de rares joies. Il l'embarrassait de questions brusques, d'allures sévères. « Pourquoi cette insistance ! Qu'espérait-elle connaître ? Quelles manières lui avait apprises l'éducation conventuelle ! » Puis étalant son rire sur la jeune vierge et la campagne, il piquait des deux afin de se faire poursuivre par la méchante enfant, et jouir de l'embarras où elle assurait sa toque de loutre contre l'impertinence de la bise, en poussant des cris de jeune bête.

S'il se laissait joindre, à grands coups de houssine elle savait le punir.

Il s'amusait à l'émerveiller avec les légendes inconnues et les magiques expériences des histoires. Puis il la travestit en sportswoman formelle, habile à moucher la cible, à casser les boules de verre du ball-trapp, à connaître les signes de race aux cavales et l'élasticité d'un dog-cart.

A deux, sur l'étroite banquette du cart, les juments isabelle attelées l'une devant l'autre en tandem, ils filèrent sur les routes drainées de pluie, glacées de gel, à travers les rafales. Le voile de blanche soie claquait derrière les fourrures, et les croupes des bêtes houlaient avec les sonnailles des grelots. Aux haltes des villages, dans les saures cabarets flamands, ils se firent conter des aventures par la faconde des robustes contrebandiers : ces chevaux aux crinières tressées, chauds de la course et soufflant à la fourche des routes, ces figures guetteuses contre les vitres ruisselantes, et ces brusques armes devinées sous les gestes résolus, les jeunes gens aimèrent y croire.

L'hôtesse peureuse eût bien voulu ne pas servir, par crainte des gendarmes.

De nouveau, les routes sous les roues légères et hautes; l'attelage s'évaporait en épais brouillards: bientôt commençaient à transparaître les lueurs des fermes.

Le château blanc, assis dans son bois sur la grasse colline, ils adoraient l'apercevoir dans les teintes d'aquarium du crépuscule. Les bêtes s'évertuaient mieux à l'assaut de la côte, par la belle allée des peupliers d'Italie.

Ainsi qu'à la découverte de pays neufs, Manuel et Juliette se lançaient à l'exploration des vestibules, des interminables corridors. Les bandes de portraits anciens et les atroces gravures de supplices véridiques les arrêtaient; même les Cupidons aux bras rompus et les pendules d'albâtre, perchoirs à colombes d'argent.

On avait badigeonné de vert, au temps pudique de la Restauration, la nudité statuaire des Endymions et des Dianes. Il y avait au fond des tiroirs des bahuts, de vieux rubans, des souliers de satin, des guirlandes de fleurs mortes. La bibliothèque contenait des sphères cosmographiques et quelque mille in-folios reliés en cuir, simples recueils de notes diplomatiques sans intérêt.

Juliette prétendait découvrir des trésors enfouis en de sûres cachettes par la sagesse traditionnelle des ancêtres, lors de la Révolution.

Ils trouvaient au moins devant leurs assiettes de soupeurs une grasse volaille et du vin vieux. Ensuite, la lecture des naïfs évangiles écrits en la sainte langue du xiii° siècle les pouvait divertir, non moins que la vieille gouvernante picarde qui patoisait selon l'exacte syntaxe de Froissart.

Et les grands vents les faisaient s'assoupir devant l'âtre incendié, les grands vents larmoyeurs aux troncs des hêtres et des yeuses, et toutes les cataractes d'averses.

Endormie dans l'antre de ses bras protecteurs, au capiton de sa chevelure de chanvre, Manuel éveillait sa sœur vers la minuit d'un chatouillis de paille.

Il la portait ployante et lasse jusque la vaste chambre de cretonne bleue, de meubles blancs ; et l'étendait sur la couchette parmi des fourrures.

Seul ensuite, ce frère luttait contre l'immonde désir de la vouloir prendre et de confondre leurs chairs.

A se dire ignoble, et pouacre, et pourri de tous vices, il goûtait d'abominables terreurs. Des sueurs sordides huméciaient ses membres. Il rêvait de hideuses et glabres figures d'incubes jusqu'à ce que l'aube lavât les fenêtres.

Pour la fête de vénerie qui annuellement fermait chez les Héricourt la saison des chasses, Manuel s'occupait là deux semaines. Dans l'écurie sablée en losanges verts et jaunes, il visitait les bêtes de courre, inspectant les boulets, les garrots, et la tonte. Les palefreniers peinaient à fourbir les gourmettes, à blanchir les sangles.

Puis, ces fines bêtes alertes, l'une après l'autre, il fallait leur rendre l'accoutumance des sauts et des galops en labours, classer les vicieuses, les douces, les moyennes, les bêtes de fond ou de vitesse. Les hunters des amis intimes venaient d'avance renforcer l'équipage. Ils arrivaient dans la brume, par files, les naseaux soufflant la vapeur, habillés de laines et de feutres. Le vétérinaire passait visite deux fois le jour. Après des luttes, où les valets d'écurie esquivaient maintes ruades, on parvenait à abattre l'animal sur la litière, pour quelque opération.

Afin de la prémunir contre une excessive fatigue de plusieurs jours, on médicamentait spécialement chaque monture. Les cuves de vin chaud fumaient et les terrines de son émulsionné, dans la claire sellerie aux étincelantes panoplies de harnais. Les maigres piqueurs s'efforçaient, le torse nu, parmi cette atmosphère d'étuve où vers midi on ne distinguait plus les visages ni les allures.

Ce fut ensuite l'entraînement. On descendait en escadron du château vers la plaine, dès l'aurore, au son des fers neufs. Juliette menait la tête, sur sa haquenée. Le pas durait des heures ; et Manuel redevenu dragon, examinait attentivement la marche de chaque bête.

De là des sélections nouvelles. Bientôt la forte odeur de poil moite le grisait. Oublieux des choses, il ne songeait plus qu'à dompter magnifiquement ce troupeau de brutes. Leurs formes le saisissaient, leurs courbes ; c'était la flexion des encolures, les cerceaux des côtes, et la complexe musculature jouant sous la peau avec des précisions d'horlogerie, des détentes exactes de manomètres marquant la saturation de la fatigue. Les jambes grêles, piliers de cette architecture, il ne s'en pouvait distraire ; affinées comme les membres d'une race aristocratique, féminisées par les délicatesses des générations et la distinction des épousailles.

Bientôt, en crainte vague que ces mécanismes ne gardassent quelque tare célée, il les essayait tous, heureux de sentir se débattre leurs efforts sous l'étreinte de ses cuisses.

En ligne parmi les vapeurs lourdes glissant au ras du sol, la cavalerie frappait d'un galop éperdu les grondements de la terre heurtée, roulée, dispersée.

Les hommes d'écurie, amoureux de l'art hippique, ne laissaient rien faillir. C'était merveille que cet ensemble de centaures évoluant sur l'infini violâtre de la terre et du ciel. Rentré au galop dans les stalles de bain, on épongeait, on lavait, on étrillait. Les bêtes engaînées dans leurs feutres hermétiques étaient promenées tour à tour, l'après-midi, par la cour sonore, solennellement.

On courut les bois pour faire le pied. Les gardes espéraient un cerf.

Les arceaux de la forêt suent l'humide ; les pas défoncent les rousses moquettes de feuilles mortes, glissent aux labyrinthes des troncs inondés, aux mystérieuses solitudes des taillis où se croisent les sentes foulées par la prudence des bêtes. De fauves lièvres bondissent fortuitement au frou-frou des branchettes gouttantes. Des ombres indécises, profilent parmi les profondeurs mélodieuses, des croupes lentes, d'inquiétantes ramures.

Hormis l'eau qui s'éplore, rien ne bruit que les haleines oppressées des veneurs, et les pattes adroites, et le flair du limier, vers la lisière de la forêt infinie, vers l'orée des voûtes légères que ferme le firmament plombé en la senteur du bois brûlé. L'autan mugit aux orgues du taillis.

La veille de la fête, grande revue.

A neuf vêtus de vert, colletés d'écarlate, les hommes défilèrent en hauts casques de peau galonnés d'argent, et la cavalerie des hunters tondus, présentés en selles.

La meute peignée, blanchie, ardente, évoluait au geste du piqueur sur deux lignes incorruptibles, avec des coquetteries d'oreilles longues et de queues battantes, les cuisses chiffrées de rouge.

. Mais vite on rhabilla les bêtes ; les hommes se capuchonnèrent d'imperméables, et la cavalcade descendit au pas, vers le rendez-vous du premier jour, au Nord régional.

Attelés de normands robustes, queues tressées, encolures tintinnabulantes, le drag et les breaks, mirant en leurs laques les perspectives des boulingrins, furent par le versant du parc prendre les invités à la gare.

Au soir, gala d'ouverture, bal aux fanfares, dans l'avenue des salons. Les céladons des trumeaux ressuscitèrent à la gloire des bougies.

Mais comment les Voyenvau avaient-ils obtenu invitation? Cela se chuchotait de frac en frac, de mousseline en mousseline. Hélène Caribert jura qu'elle ne quitterait point Manuel avant de savoir : et elle lui mit ses longs doigts dans les manchettes sous prétexte de géhenne.

Jeanne, en sa toilette bleu ciel de jouvencelle, le fustigea de l'éventail.

— Père est furieux, l'oncle Beauglaive aussi, vint dire Juliette. Sais-tu, toi Manuel?

Elle le pinça au sang. Justement la grande Mathilde Voyenvau s'érigeait entre ses deux frères, atrocement myopes et chargés de lilas. Ils cherchaient Mme Héricourt pour les lui offrir.

Manuel se bastionna d'un paravent. Les folles rieuses s'acharnaient à lui, perchées aux bras de son siège. Son odorat délirait parmi ces héliotropes, ces verveines, ces odeurs de peaux ointes, de chevelures baignées, de satins imprégnés.

Il goûtait des effluves de femmes gaies et fiévreuses de la ferveur du festin.

Un domestique le vint prendre : des messieurs arrivaient.

Hephrem et Usmar. Ils expliquèrent brièvement la mésaventure. Delphine, cette vieille folle, mère de leur fille naturelle récemment mariée, n'avait-elle point rompu sa claustration, fui la ferme du très lointain village où leur vieux piqueur la gardait afin que ses escapades ne pussent avilir la réputation de la jeune femme adoptive? A Lille, en compagnie de garçons brasseurs horriblement frisés, elle avait promené ses cascades de quinquagénaire jusque devant les fenêtres du gendre qui l'ignorait, heureusement. En hâte, eux avaient pris le train, couru, rattrapé la belle, recluse maintenant dans sa retraite obligatoire malgré ses criailleries. Après vingt kilomètres de galop, ils arrivaient. « La voix du sang, tu vois ça, hein, Manuel. La pauvrette l'a échappé belle. Où sont nos chambres ? »

Manuel répondit d'un franc rire et les guida. Jamais, pour insidieuses et adroites qu'eussent été ses questions, il n'avait appris de quel frère se conçut cette enfant chérie par leur double affection. Sans doute leur mémoire avait omis ce souvenir essentiel.

Cellarion, les Doutrepuich, il les mit au courant. Leurs éclats attirèrent l'attention des flirts et des danses à leur retour, parmi les verdures des salles.

— Ce n'est pas pour les petites filles, cria Manuel assailli d'Hélène, de Juliette, de l'étonnante Mathilde aussi.

— Et pour les grandes? fit Jeanne.
— Plutôt.
— Alors valsons. Tu vas me dire tout.

Il enserra la taille pliante de cette blanche blonde, et vira mollement sous les buissons de bougies. Le corps de la danseuse moulé à lui frémissait au scabreux récit. Une seconde il pensa poser les lèvres sur l'oreille incarnadine où se plaquait le lin diaphane de la chevelure. Leurs chaleurs se mêlèrent. Elle tenait obscurément son visage en dehors de sorte qu'il ne pouvait apercevoir sa moue ou sa joie encourageante. Mais sur la peau moirée couraient des frissons d'eau onduleuse.

Cependant il résigna cette audace. Et refroidie, sa raison le gourmanda d'une si puérile fatuité. Pouvait-il croire cette noble jeune femme, cousine de sa mère, épouse chaste, prête à lui vouloir de l'amour? O sottise d'une présomption de collégien! Il la reconduisit près des petites filles. Elle lui sembla fâchée un peu. Peut-être l'avait-il trop pressée, et lui gardait-elle rancune de l'inconvenance?

Envers Hélène eut plus de prudence. Cellarion et Juliette leur dansaient le vis-à-vis au quadrille. Embarrassé de l'insistance d'Hélène à lui lire dans le regard, il généralisa aux deux couples ses plaisanteries. La jeune fille bouda. Elle bouda aussi, Juliette, parce qu'il dut polker avec Mary Hanser qui prétendait avoir de très graves confidences à lui trahir.

Elle s'avoua coupable comme son mari de l'invitation aux Voyenvau. Mais des affaires industrielles liaient, et on n'avait pu se soustraire à cette déplorable obligation.

Arrêtant de polker, elle l'emmena ; le supplia par leur commune affection d'apaiser les Héricourt et l'oncle Beauglaive. Si quelque taquinerie était tentée contre ces gens, elle en serait fort marrie.

Manuel se défendit. Son père ne l'avait guère en tendresse à cette heure, après ces histoires de Bohémiens.

— Oh, je sais, Manuel, vous êtes un vilain polisson. Mon mari m'a défendu de rester seule avec vous. Et pourtant je brave l'autorité conjugale.

— Parce que la nécessité vous y contraint.

— Eh bien, non. Même sans cela. Suis-je vaillante ?

Et elle darda fixement des prunelles sombres vers la face mâle. Il hésita encore, crut à une sorte de déclaration, puis vite se reprit de cette sotte vanité :

— Je sais bien que je ne vous fais pas peur,

4

Ne me soyez pas aussi terrible, je vais risquer auprès de mon oncle une intervention.

Il la quitta brusquement ; son sang lui faisait mal, lui flambait douloureusement aux membres érotiques.

Une glace le réfléchit, quelque peu brutal, le front bas couvert d'une indécise coiffure ramenée, les narines épaisses, la bouche énorme et charnue. Quel serin il devenait, décidément, pour se prétendre le chéri des belles !

Illustré de crachats et de cordons pourpres, Charlisle Cœuvres, le fut prendre sous le bras. Tout de suite Manuel dit la chose, le pria d'intercéder aussi.

— Ah tu allumes la petite Hanser ! je te connais, brigand. Heureusement j'ai ton affaire. Tu pourras remercier Cellarion.

Le journaliste, en furetant l'étal d'un bouquiniste, avait découvert les comptes du comité républicain en frimaire 93. Achille-Joseph-Narcise Voyenvau, garçon d'abattoir, y était marqué comme émargeant d'un salaire de trente-quatre sols, chaque jour d'exécution publique, en qualité d'aide du guillotineur municipal. Cellarion tenait la petite brochure salie, lacérée, contenant à peine le tiers de ses pages, en caractères maigres et espacés du xviii° siècle.

Manuel montra l'opuscule à son père, à l'oncle ; mais il ne s'en voulut dessaisir et en promit la publication si l'on tenait l'engagement de ne point faire éclat, au château.

M. Héricourt furieux voulait un immédiat châtiment. Mais l'oncle Beauglaive évoqua l'appréhension du scandale. Mᵐᵉ Héricourt intervint de ses prières. On ne put empêcher l'amphitryon de faire reléguer les malles de ces manants dans une aile abandonnée.

Au matin, le cor sonna le départ devant chasseurs et chasseresses sanglées de costumes durs, la coiffure crêtée de plumes et de boucles. Crâne et brune, Mary Hanser en écourté de velours vert, le feutre allègre, la guêtre vernie, entraînait la mince Hélène Caribert en blouse lâche, ceinturée bas. Cette lourde chevelure fondue sous un béret à l'oreille ne compensait pas aux jambes l'allure timide et sautillante d'une oiselle déplumée. Juliette, une buffleterie collant à sa poitrine menue, jupe et guêtre de drap bleu, évoquait l'apparence d'une ligueuse hardie. On les jucha en bravoure sur l'impériale du drag avec les fils Voyenvau. M. Héricourt saisit les guides ; les vieillards s'installèrent en berline.

Après quelques passes de baccarat entre les jeunes gens massés à l'intérieur, Cellarion conta l'histoire de l'opuscule municipal, et pour quelle bonne chronique il en voulait inspirer son collègue de la feuille opportuniste.

On commença des séries de calembours ; et on

les communiquait à la berline, à l'impériale. Les éclats de rire se marièrent par-dessus les têtes des Voyenvau, qui s'esbaudirent aussi avec affectation, sans comprendre.

Au débarqué, tandis que l'on dégaînait les fusils, Hélène appela Manuel, pour qu'il la plaçât au mieux.

M. Voyenvau, le père, voulait parler ; on s'approcha vers sa panse importante. Il fit assavoir le très prochain mariage de sa fille Mathilde avec le fils d'une richissime marchande de bois.

— Celui dont on en fait ? demanda l'impertinent Cellarion.

Le mot courut. On se le criait le long de la crête, de place en place, car le garde annonçait l'approche des traqueurs.

Manuel groupa la jeunesse autour de lui.

Ils se dissimulèrent contre l'épaulement du sol, invisibles aux bêtes, l'arme prête.

La terre houleuse de sillons s'étageait vers eux circulairement.

Alors des cris humains se lamentèrent à l'horizon, des cris épars et qui se prolongeaient au vide.

Sur la brune étendue, des ombres agiles commencèrent à poindre, remuèrent, se perdirent, reparurent, subitement passées, évanouies ! Et puis des lignes montèrent, baissèrent dans le firmament, s'élargirent, s'effondrèrent. A leur nouvel essor on distingua des batteries d'ailes. Des rayons blancs cassèrent ces lignes épaissies et vibrantes.

Clameurs lointaines des traqueurs se démenant sur le ciel. Ainsi que nichées de tourterelles battent les gorges des chasseresses émues, en joue déjà, l'œil froidement cruel.

Des fourmilières évoluaient sur les mottes proches, affairées de commerce et de charrois.

Soudain éclatent les envols. Les compagnies tendues, roides, fendent l'air d'un bruissement d'acier.

Aux nues de fumées denses, les oiseaux versent dans des explosions.

Le vent balaye. La fusillade crépite le long de la crête qui se panache et blanchoie.

Maintenant c'est la déroute des bêtes par la plaine, aux cris féroces des traqueurs brandissant leurs gaules.

La cavalerie des lièvres piétine éparse, galope affolée. Çà et là, des perdrix tentent une ascension isolée vite rompue, et choient, ailes décloses, précipitamment.

Des cadavres aéronautes, bec en pointe, culbutent du ciel. Le sang pleut. L'air se ride de détonations.

Toutes les bêtes gisent enfin à l'apaisement du feu. Halte victorieuse des traqueurs. Et cors.

Dans sa courte chlamyde à mille plis droits, Hélène gaie lève la perdrix agonisante par un geste d'hiérodule présentant les prémices à l'autel ; et sa torsade défaite inonde de cuivre terne les jeunes épaules.

Edward se hâte, un lièvre vivant encore aux doigts :

— Voyenvau ! monsieur Voyenvau !

On court.

— Ah, cher monsieur, voulez-vous avoir la complaisance : je ne puis venir à bout d'achever cette bête ; vous savez ? le coup du lapin, vous qui êtes si habile !

Sans malice le jouvenceau frappa. Le lièvre se détendit par spasmes, expira.

— Bravo, du talent de famille, pas ?

Au dîner les mêmes jeux servirent. Si bien que la famille des Voyenvau fut obligée de se comprendre en risée. Mathilde monta dans sa chambre et se tordit en tumultueuses attaques de nerfs. Sous le prétexte de la reconduire et de la soigner, ses parents partirent avec elle par le premier convoi du lendemain, sans adieux.

La nuit ayant été neigeuse, on organisa une chasse à la grosse bête le second jour.

Héphrem cacha sa blanche barbe fluviale dans un étui de soie, afin que l'éclat n'en pût avertir la défiance des loups et des renards. On n'emmena point les chasseresses à cause de solides sangliers rôdeurs, disait-on, par les bois, et facilement agressifs.

La forêt raye de ses troncs la page uniforme du sol et du ciel, en manière de paysage lithographique.

Silencieusement, les chasseurs grimpent par des sentes rocheuses d'opéra-comique, jusque les sapinières culminant les cimes et la blancheur plate du pays. Tout s'éclaire de lumière crayeuse, d'un jour de rampe illuminant les sourcils, les mentons, les barbes, et l'envers des gestes.

Vers la plaine, les taillis aigus descendent par circuits entre les roches revêtues de neige, avec les panaches funéraires des pins, et les dos des grottes.

Des hiboux roux planent émus par les terribles abois des dogues et les lamentations naissantes de la meute.

Embusqué dans la fosse, Manuel songe aux temps préhistoriques et glaciaires, où les ancêtres velus guettaient la proie nécessaire. Ces sons de cor qui vibrent à l'entour de la forêt, est-ce pas les conques de la horde ennemie marchant au butin des huttes?

Et voici par les branches les clameurs d'attaque et les chœurs des dogues belliqueux. Quelles joies au triomphe réservées, la capture des venaisons et des femmes!

Aura-t-il jamais en conquête les prunelles siciliennes? et le drapeau de vif argent au détour des voûtes de défense?

Sur son œil en rêve l'ombre de quelque bête s'est projetée.

Sa main serre l'arme, et sournoisement il glisse son regard vers la droite. Haussant ses jabots argentés, son fin museau olfactif, une louve crête la roche ; le poitrail entr'ouvre le rideau des buissons. Sans bruit, mystérieuse et rare : les oreilles tendues à toute bise, épiant les sons; blanche du camaïeu des neiges.

Doucement, vers l'admirable créature, il lève le canon, sans presque mouvoir ses bras, en crainte d'une fuite prompte. D'un coup, l'apparition s'est fondue, à un geste accentué du chasseur.

Manuel exhale son souffle si longtemps tenu, et regrette. Puis un sûr travail mental, rappelant les moindres souvenirs de la vision, grave sa mémoire.

Des lièvres passent discrètement, et rampent rapides, ou s'asseyent, écouteurs, méditant de doctes retraites.

Jusque l'avalanche furibonde d'une énorme masse neigeuse, qui brise les branches, éclate en flocons, puis brusque s'arrête face à Manuel.

Aux dents claquantes, il devine un sanglier. Déjà la bête fond, soufflante et chaude. Le canon du fusil monte à la hure, tonne ; mais le monstre plus proche, à tranchantes défenses, s'amasse pour bondir.

Avec la très rapide peur d'un éventrement odieux, Manuel descend le canon, presse la détente, voit dans la nue de feu s'abattre enfin la bête mortelle. Et délirant de vivre triomphateur, embouche le cor. Il s'époumonne aux échos qui résonnent de clameurs, au tumulte de l'air et de la neige.

On conclut cette fête par des laisser-courre royaux.

Dès onze heures la caisse laquée du drag déposa les veneurs au rendez-vous. Puis on se hâta de monter les hunters, et la meute découplée rampa sous un épais taillis de ronces.

Tous cors sonnants, avança la troupe sanglée d'habits rouges, derrière les tricornes galonnés des dames.

Presque aussitôt retentirent le débuché et les pleurs de la meute. Les quatre vieillards éperonnèrent leurs arabes maniérés. On s'essaima dans les fonds.

Manuel piqua et suivit.

Ce devint une course folle après les cors qui semblaient sonner du ciel.

L'air lourd et gris étouffait la fanfare. Tant d'échos, qu'on ne savait connaître les directions.

Bataille d'ondes harmoniques qui, venues, reparties, se croisent de heurts intenses, filent en désarroi aux horizons.

D'autres naissent de terre, montent en sphères aux nues, s'atténuent à des morts extatiques, et parfois éclatent, proches tourbillons. Alors le cheval comme avide de s'éperdre dans la plage du ciel, s'efforce de dépasser la neige. Mais l'air davantage épaissi oppose sa résistance et sa fange cotonneuse.

Manuel fut le chasseur perdu, honteux, demandant sa route aux bûcherons, courant aux clochers diffus par les lumières obliques.

Dans une hutte, il trouva Mary Hanser se chauffant aux flammes d'un fagot.

Elle le voulut arrêter, mais il enfourcha une nouvelle courbe de sons passants. D'un pli de neige jaillirent les ramures du cerf qui leva ses flancs essoufflés, ses jabots touffus. Mais à un pleur de chien, il rua, bascula vers l'inconnu des plaines.

Manuel galopa. Il trouva la rivière chantant sa boue et sa peau verdâtre.

Encore une fois s'étaient enfuis les sons.

Alors découragé, il mit au pas le hunter. Mary Hanser lui fut bientôt compagne, reprochant la trahison machinée contre Voyenvau. Elle voulut qu'il livrât cet opuscule dénonciateur. Devaient-ils, ces gens, porter la peine des fautes originelles?

— Dieu l'a dit, ma chère cousine.
— Appelez-moi Mary tout court.
— Mary, Mary, tant mieux.

Il lui parut qu'elle le regardait comme pour s'offrir. Sa peau brune vint à des teintes orangées pâlies par le blanc du sol, rosées par l'écarlate de son habit de chasse.

La mince poitrine haussait les boutons d'argent, et les cheveux durs ombraient les étangs des yeux. Alors, Manuel la désira ; et il tenta le stratagème :

— Cette notice, je l'ai enfermée dans mon habit, dans mon cœur, sur ma peau même, tant j'y tiens. Et vous n'irez point la chercher.

Sans dire, s'agriffant à la tunique du chasseur, elle fit sauter les boutons.

Le cuir froid des gants lui frôla la poitrine.

Il baissa ses lèvres vers la rude chevelure ointe de violette.

Aussitôt elle se dressa tenant la brochure.

— Oh ! les cors ! fit-elle. Là !

Et la cavalerie parut qui diapra la neige.

IV

FLIRTS

A la plèbe blasphématrice, Manuel oppose l'héroïsme de son attitude. Le vieil ecclésiastique vers qui sifflent cailloux et tessons, il le couvre de son torse, sous le porche gothique du couvent. Dominateur, à la brutale lâcheté de la foule, aux haies des baïonnettes ferrystes dressées dans le gachis du dégel, il arbore le mépris de sa face qui, insolemment, crache et grimace.

Lélian Doutrepuich pointe sa canne aux plus hardis voyous. L'ecclésiastique s'étant retiré en sa cellule pour une claustration protestataire, la foule hideuse bave de rage, et les robustes tanneurs cuirassés de buffleterie manœuvrent leurs noueux gourdins... Edward ensanglante le mufle athée du plus proche. Les pierres grêlent aussitôt, et la rage adverse enivre le cœur de Manuel qui bondit, tournoie des bras et de la canne contre les bourgerons sordides, les poings noirs. Aveuglement il plonge parmi les ondes magnétiques de haine et de colère où se crispent les bouches démoniaques et les blasphèmes. Jusqu'à ce que l'écrase contre terre un choc sourd, et que semblent s'effondrer au bris de son crâne les maisons et le ciel flamboyant. Tout s'éteint...

. . . .

— Ouf, sourit-il à l'inquiète physionomie de la cousine espagnole penchée, et qui étanche les chauds liquides lui coulant aux joues.

Mary passait en voiture quand la troupe mit fin à la bataille. Elle l'avait recueilli.

Les doigts tremblent à la jeune femme qui doucement le panse et l'humecte d'élixirs.

Il reconnaît ce hall de la Minoterie, avec les hautes armatures des coffres-forts. Sous lui crie la bergère d'osier ; et le râtelier de rifles épanouit aux murailles un éventail de fines damasquinures.

... — Je t'autorise à me tutoyer, tu sais ?

— Oh! Mary, tu es une aimable cousine, et tes cheveux embaument.

— Décoiffe-moi, si cela t'amuse.

A glisser les mains dans la rude chevelure crêpelée, il éprouve les picotements voluptueux ; et son désir, jusqu'aux moelles, s'énerve mélodieusement. Son désir aime ces bandeaux qui crissent à ses ongles lisses. Afin que se perpétue la bonne sensation, il se garde de brutaliser en baisers faciles ce flirt musical.

— Regarde-toi dans la glace : avec ton bandeau, tu as l'air d'une religieuse.

— Je montre une figure ronde comme une pomme.

— Non.

— Tu sais les pommes de juin, dures et acides, qui agacent les dents.

— Oh! moi, j'adore les pommes vertes.

Leurs rires se mêlent pour chanter un proche épithalame.

Mais la sonnette électrique vibre dans l'avertisseur. Mary déploie les panneaux; et, derrière la glace murale, apparaît, en neigeuses perspectives, l'usine que strient les trajectoires éblouissantes des courroies, les volantes poudres échappées aux vertigineux circuits des meules, la hâte de blancs travailleurs. Silencieusement. Un à un, elle inscrit ces sacs qui s'abîment sous les trappes.

Quand elle replie les panneaux contre ces féeriques profondeurs, entre Hanser, haut botté de cuir fauve et qui jette sa carabine. Le récit connu, il hurle.

— Les six balles de mon revolver dans six peaux de républicains, avant qu'un seul ait mis le pied dans ma demeure. L'arrêter! Lui! Qu'ils y viennent!

Et le mari défiant s'est transformé. Il soigne, il besogne pour la prompte convalescence du jeune parent.

Manuel fut le doux malade, se soutenant de cannes neuves et qui rose au feu ses mains fiévreuses. Mary lui lut les histoires préférées et des poèmes. Ses yeux de jais le surent mirer profondément ; et sa peau orange s'empourpra aux passages d'amour.

Les Doutrepuich venaient chaque après-midi. Le sabot de leurs chevaux éveillait les faisans dans les cages. A coups de cravache, les frères rieurs se cinglaient les bottes en humant les vapeurs chaudes des alcools, et plaisantaient Mary dévote à son malade.

Sa démission refusée au ministère, Lélian redevint artilleur. Il demanda qu'elle le voulût marier, avant qu'il reprît garnison. La douceur, la fervente affection de la jeune femme l'avaient converti aux épousailles, disait-il, un regret à la voix.

Elle lui fiança Céline Vangoës. Oh le bel hymen de Celtes blonds et robustes !

Des soirs, des soirs de vent et de trombes, la famille soupa autour du convalescent, dans ce hall plein de panoplies sonores. Maintes fois les chopes de forte bière furent vidées à sa guérison. Cependant que dans les clartés électriques tournoyaient les meules vertigineuses, circulaient les courroies éblouissantes et les blancs travailleurs, aux perspectives neigeuses de l'usine, silencieusement.

Comme les Héricourt réclamaient le cher fils redevenu transportable, elle sembla, Mary Hanser, vouloir conclure l'épithalame entrepris.

Mais dans le brouhaha des quotidiennes agapes et sous la sollicitude du mari, que d'indécisions, de craintes !

Manuel ne voulut l'aider à parfaire leur commune envie. Bien mieux, il jouissait à se sentir couvé par cette chaude passion de brune. Il feignit ne point comprendre, résister devant l'adultère, ce crime, et croire aux familiales affections. A recevoir certains regards lourds de haine, il se délecta. Cruelle volupté, rancune brûlante, difficilement contenues sous la mince poitrine. Parfois tempétueuse à travers la soie du corsage, elle dégageait d'affolants effluves de fauves, où il se complut à baigner ses minutes d'ardente tendresse. Et sa malice s'ingéniait à la frôler de gestes érotiques, à la percer d'œillades quêteuses, pour ensuite singer l'ignorance et une innocente admiration, quand, toute pudeur déchue, elle lui signifiait tacitement de la prendre.

Or, une nuit de charades les réunit dans une chambre sous prétexte de déguisements nécessaires. Sitôt inclus, elle poussa le verrou, et lui pointa les dures lames du regard. Au premier geste pour la saisir, et comme déjà se révulsaient les pupilles de l'amoureuse, il entrevit les dégoûts et les tristes filles des bouges; et la lie de l'amour qui pour jamais scellerait leurs extatiques sensations de flirt sublimé. Par scrupules d'honnête amant, par raffinement de jouisseur, il se déroba.

Le mari cognait la porte avec fureur. Et quand ils redescendirent aux salons, le jaloux livide, mimant la joviale ironie, avertissait Mme Héricourt.

— Tu sais, je le tuerai, ton fils.

Le père ramena Manuel le soir même, aux sonneries du Carillon.

Aimablement, à cause de sa bravoure légitimiste, il le morigéna sur sa conduite. Un homme comme lui, un homme d'énergie et de grands desseins, ne devait-il pas plus haut viser qu'aux jupes de ses cousines? Il fallait qu'il complétât son éducation, qu'il préparât sa vie parlementaire. Dès le surlendemain, il irait élire domicile dans la ville universitaire et très assidûment étudier les philosophies.

La veille du départ, un bal fêta sa guérison et les fiançailles de Lélian et de Céline. L'Ancêtre prononça un notable discours écouté pieusement par l'aristocratie des fracs et des toilettes adamantines. En péroraison, l'oncle Beauglaive embrassa Manuel sur les joues dans une pompeuse étreinte.

Lui, pour esquiver ce triomphe, emmena la bande de ses jeunes amis moquer l'hôtel Voyenvau. De triviales girandoles de réjouissances publiques signalaient l'apparat des noces de Mathilde.

Encore fervente des récentes émeutes, la plèbe, massée devant la demeure, hurlait des injures et le rappel de l'humiliante origine. Le père Voyenvau simula de croire à l'enthousiasme de la foule pour sa famille, et généreusement, le mouchoir aux yeux émus de tant de joie, il commandait :

— Qu'on laisse entrer le peuple.

Les voyous se ruèrent dans les lumières, et brisèrent.

Fuyant le remous de la foule, la peureuse robe de vif-argent passa devant Manuel, qui, le cœur carillonnant, la suivit, lui débita des sornettes, par fanfaronnade.

— Oh! l'imbécile, l'imbécile, laissez-moi, grand serin.

Et le sac en maroquin de pleuvoir par coups secs sur le nez du jouvenceau.

Encouragé par la voix moqueuse plutôt que fâchée, il persista. L'amie de la fillette indiqua le nom :

— Vite, Louise. Vite. Laissez-la, Monsieur.

Mais sans que sa parole arrêtée par l'angoisse d'amour pût objecter autre chose que de plaisantes balivernes, Manuel s'obstina par le dédale des ruelles. Une blanche odeur de linge émanait de la nuque délicieusement mobile dans le col mousquetaire rabattu contre les mouvantes épaules. Et sous la robe, les formes jeunettes et rondes, il les voyait fuir sinueuses, flamboyantes.

— Je ne la quitte qu'elle ne m'ait donné la main.

Louise la cacha gentiment, sa main, aux plis de

la frileuse noire, avec défense aiguë du buste, et l'offensive de son sac en maroquin. Mieux il put l'acculer sous les cuivres du gaz et se réjouir de la face sicilienne, paradée en une chevelure sombre, des paupières hiératiques, des hanches de canéphore.

A se laisser bruire le sang dans les veines gonflées, dans la poitrine étreinte par une vibrante contraction des nerfs, il resta immobile. Subitement transformée, elle-même palpitait, armant ses pupilles des feux de guerre. Une seconde, ils se percèrent de regards haineux, comme s'ils eussent entrepris la lutte à mort : la mort du corps, la mort du cœur. Elle, la sagesse de la femme, en enjeu; lui, sa jeunesse, les ambitions saintes.

Enfin il put serrer les ongles de fines et longues mains opalines. Et ce contact décida que sans l'avoir, son imagination n'aurait plus repos, jamais; que la vie lui était ébréchée et subitement béante, obscure sans autre lumière que la candeur de ce geste féminin.

Ah! la robe de vif-argent qui drape au détour des voûtes de défense!

Il vécut la nuit avec ces prunelles siciliennes, ce parfum de chaleur corporelle mêlé aux saines senteurs du linge. Vers l'aurore, il emporta dans le railway le son de sa voix encore insignifiante, mais qu'il devinait reculée à des profondeurs mystérieuses d'oracle.

La Ville Universitaire le reçut malcontent et morose.

A l'hôtel, les meubles de hideux acajou exaltèrent sa dolence, non moins que la gravure du Vésuve, et le plâtre rose de la Baigneuse. Au balcon il conversa de Louise avec la pluie chantante qui vernissait les toitures. Au cours, il s'amusa de noter les sonnailles du carillon battant juste sur sa tête. Hégel ne le put convertir à de meilleures pensées. Sur les gradins, les crânes ovoïdes de ses condisciples feignant l'intelligence et crayonnant du papier lui meurtrirent l'esprit. Il se réfugia chez les Caribert.

Hélène peignait la serre. Il complimenta. Elle étala ses albums, ses douces mains, et sa tresse. Musicalement elle s'harmonisa, tiède et langoureuse pour la tristesse de Manuel. Ce fut, à table, les exquises privautés d'une affectueuse famille s'adulant de prévenances, au bruit des batailles oratoires que soutenait seul le procureur, champion des grandes choses, Honneur, Loyauté, Patrie, contre ce garnisaire de gouvernement. Autoritaire et colossal, il apostrophait les réchauds, les carafes, le glabre domestique approuvant de son silence. L'éducation, les enfants, la famille ! Sa fille ! Jamais il n'avait voulu s'en séparer. Et les devoirs du père donc ! Sa femme : un grand cœur. Il l'affirma.

Manuel renaquit à la raison. Le beau gâtisme

du parent le ravissait. Par malice il lançait les
arguments des théories récentes afin que le procureur s'emballât, levant au ciel ses poings blancs
et sa brillante calvitie.

— Vous connaissez la théorie de Darwin,
cousin?

Darwin : l'homme descend du singe! Il descendait du singe, lui peut-être. Avait-on jamais vu
une guenon enfanter un homme? Qu'on lui montrât celui qui avait vu cette guenon enfanter un
homme! Aberration! Pour lui, il aimait mieux
croire ce qui avait été révélé. La révélation,
Moïse...

— Certes, certes, approuvait Manuel, tendant
son assiette à Jeanne qui la couvrait d'un délicieux
chaufroid!

A l'aide des vins généreusement épanchés, la
bruyante parole devenait une agréable monotonie
de cascade. Plus favorablement à l'ombre de ce
bruit, il multipliait les occasions d'effleurer sa
cousine, de manœuvrer sa chaise vers les claires
soies odoriférantes en verveine et sainfoin. Elle
lui laissait voir la merveille de sa bouche fraîchement aimable, et son lumineux gosier renversé
pour boire. Jeanne maternellement lui emplissait
l'assiette.

Le procureur parti au cercle, ils demeuraient
tous trois dans l'écrin pers et mauve du boudoir.
Jeanne vocalisait de l'italien. Hélène tapotait

l'ivoire du piano. Ces vibrations harmonieuses ridant l'atmosphère chargée de senteurs florales, versaient une très tendre ivresse, un sentiment d'unique béatitude parmi les ardents buissons de bougies et les yeux voilés des lampes.

Au moment où cette quiétude eût lassé, Jeanne le prenait à la main et, sur un motif de valse, l'entraînait à un vertige tournoyant. Dans les glaces à trumeaux, il s'éblouissait à voir revenir leur couple, la tache bleue de sa redingote enveloppée des blanches dentelles envolées, et la sinueuse chevelure se poudrant aux paillons des lumières.

Cette même sensation lui revint de sentir la danseuse s'amollir à ses mains et obscurcir son visage honteux peut-être. Il douta. Il crut. Il n'osa. Il douta.

Et pourtant s'il risquait de croustillantes histoires, Jeanne ne savait faillir à lui mettre contre la bouche ses doigts, pour qu'il y appuyât galamment, avec les lèvres, sa naissante moustache frôleuse.

Hélène ensuite lui occupait les bras. Plus ferme, elle semblait en lutte perpétuellement contre la tentation de céder aux folles invites qu'il multipliait de ses gestes, de ses œillades, de ses sourires.

Si par gaieté il tentait le cérémonieux baisemain de nos pères, vivement elle retirait ses phalanges peureuses. Ce dont la moquait sa mère : « Crains-tu qu'il te brûle ? »

Assez vite Manuel reconstitua la précieuse vie

qu'au giron de Mary Hanser il s'était créée. A ce double foyer de désirs féminins, il élabora les électuaires de jouisseur égoïste.

Des déclarations, il les entama. Les petits jeux de société, il s'ingénia à ce qu'ils dérivassent en taquineries libertines. Il gagnait des *discrétions*, et se payait de baisers savoureusement dégustés sur les lèvres brûlantes et humides de Jeanne, et tremblantes d'Hélène qui, les yeux clos, semblait vouloir mourir. Des *philippines* perdues l'autorisèrent à présenter en cadeaux d'infimes objets féminins. D'où se livrèrent les secrets de toilettes, guipures et lavandes, flacons, les argenteries des lavabos.

Au travail de son imagination, il édifiait d'heureux tableaux passionnels, la voluptueuse défaite de ces amantes, tantôt chastes à son intuition de leur cant et de leurs délicatesses ; tantôt mues de sadiques dévergondages ; à la réflexion, il les pensait perverties par des instincts vertueusement étouffés depuis des temps.

Rentré chez lui, il les imagine se dépouillant de leurs guimpes, et dans la fumée de ses cigarettes opiacées, offrant à ses étreintes la splendeur de leur nu. Descendu l'escalier de l'hôtel, il court se rafraîchir au froid des rues noyées de pluie. La lampe d'étude brûlant à la fenêtre, il la regarde diminuer, disparaître quand il tourne la maison de ville pour suivre les bords du canal. Des

heures le long des fanaux des bateaux. L'œil aux
mâts rayant les nuages, il marche surpris par les
sonnailles inaccoutumées du carillon. Ainsi qu'un
élève ignorant il le gourmande de ne pas savoir
la vraie leçon, l'ariette de cour habituelle au
beffroi natal. Car les soldats chantent d'obscènes
rengaines adaptées à ces sonneries brutales, et,
sous les lanternes de bouges qui grincent au vent,
les artilleurs ivres égratignent de coups de sabre
les murs d'ignobles impasses.

Cette grossière luxure effaçait à Manuel tout son
érotisme. Les rêves noyés dans les ombres du
canal, il moquait impitoyablement son intarissable
sottise de se croire séducteur. Quelle vulgaire
ambition, et manifestée par les pires goujats !
Mary Hanser elle-même, a-t-elle seulement pro-
noncé une parole décisive, et qui la déclarât amoureuse ? Folâtre équipée vers un monde illusoire
où l'introduisait la vigueur hallucinatrice de son
jeune sang.

Les délicieuses parentes le chérissent comme
un aimable Benjamin. Rien de plus.

Sa prudence prévoit Jeanne le faisant jeter
à la porte pour l'outrage d'imbéciles déclarations. Jamais il n'exposera son honneur à de si
pitoyables ridicules. Même toutes ses illusions
fussent-elles réelles, les lois de la morale et de
l'amour-propre lui interdisent de prendre les
femmes, les filles de qui l'héberge.

Il s'abîmait alors dans les pures études de la philosophie. Kant lui révélait la merveilleuse puissance de la conscience créant le monde tel qu'elle le sait vouloir. Il admirait la concordance de ses sentiments avec les théories du maître, méditait une existence illusoire, d'autant plus impériale et goûtée hors de toute action.

Puisque la violente luxure de son esprit l'entraîne aux contemplatives priapées, qu'il en profite : cela seul est vrai que nous pensons ; et mieux vaut le désir que l'assouvissement.

Au décor banal qui jusqu'alors l'avait retenu, il s'arracherait ; et devant son esprit saisi de nombreuses sciences, il saurait faire défiler les miraculeux paradis, où se pâme l'âme extatique. Il étudia sainte Thérèse, il jeûna, il renouvela les exercices évocatoires des moines du mont Athos. Son orgueil acquit du moins quelque satisfaction à constater la suprématie de son individu ; car, les camarades qu'il tenta d'initier, lui bayèrent au visage. On commandait des chopes à hauts cris afin d'interrompre hypocritement son éloquence. L'heure de la fermeture tintait, qui expulsa de la taverne la bruyante jeunesse dont il avait voulu surprendre le respect unanime par son génie spéculatif.

Le stroom de folie l'engloba.

Sa fierté se soumit à la contagion du rut.

Oh ! ce chœur de Templiers, lugubrement hurlé par le désert de la cité dormante !

Au mystère de la nuit, aux volées du carillon évolue la troupe diabolique des étudiants.

Par l'infernale monnaie de l'averse elle passe et méfait.

La rue dépavée pour réparations municipales instantanément se repave. Disparue toute trace de travaux voyers.

Et voici que le kiosque à journaux de la place du Sud s'érige fantastiquement au centre de la place du Nord. Comme elle va courir, la vieille marchande matinale !

Chevauchant un triton d'étain, enseigne détachée de la Poissonnerie, Manuel caracole par les ponts de bois sonore.

Le loyal baron de fer qui, l'épée haute et le heaume clos, garde formidablement la quincaillerie, le voilà quittant pour la première fois son poste séculaire.

Au mystère de la nuit, aux volées du carillon, par l'infernale monnaie de l'averse.

Afin de renouveler les épreuves de récipiendaire, on trempe dans l'eau bourbeuse du canal le loyal baron, puis il trône, l'épée haute, le heaume clos, arrimé sur une charrette légumière.

Le diabolique cortège franchit les plus tortes ruelles, les vaux de pavage, les monts de gravats, impétueusement.

Qu'est-ce cette triste bastille, solidement cuirassée de vantaux métalliques, et ces verres de

couleur au porche, illuminés de brasiers intérieurs ?
— Le bouge.

Contre le chambranle, le baron descendu s'appuie, l'épée haute, le heaume clos; tandis que la troupe se disperse aux anfractuosités des murailles voisines, et se clapit sinistrement.

Quel forfait va marquer l'heure ?

Porte ouverte, le loyal baron s'abat le nez en avant dans un luxueux vestibule pompéien qui retentit de ses tonitruantes ferrailles.

Et les blanches formes des prêtresses s'affolent, s'échevèlent parmi la pompe des colonnes doriques et les pâleurs statuaires du lieu.

Leurs effroyables cris percent.

Quel saccage dans la bastille de luxure : clavecins forcés, prêtresses violées, bouteilles décapitées, et toute la bacchanale...

Au mystère de la nuit, aux volées du carillon, par l'infernal clapissement de l'averse, la troupe diabolique passe et méfait.

Pâques refleurirent aux lendemains, Manuel regagna la demeure familiale.

Outre un folâtre enjouement, il retrouve près de sa sœur ces privautés qui tant le troublent d'Hélène et de Jeanne. Plus sûr, il s'avoue être le seul incitateur des passions imaginées. L'ardeur du sang dévoie ainsi sa raison. Toutes présences féminines lui fleurent une atmosphère de voluptueuses émanations où se prélasse sa pécheresse nature.

Qu'il pèche et qu'il sache : que son âme s'endurcisse et se tanne, pour ressurgir aux temps de culte, plus virile, et maîtresse des influences.

Au premier jour il déambula flanqué de Cellarion, d'Eugène Doutrepuich, entre les éventaires forains campés sur la place à l'occasion de la fête. Le beffroi pavoisé illuminait le ciel de ses étendards. Ils philosophèrent sur l'amour sans se convertir. Doutrepuich n'admit que les plaisirs de l'étalon soumettant la vanité des femelles, dans le brusque hasard des rencontres. Cellarion louangea les entretiens des soirs uniques et la gracilité des misses : sa guitare sentimentale consacrait le vœu d'une fillette garçonnière dressant des sayons insexués et écarlates sur le blond des plages. Tant plaisait aux amis de décrire leurs thèmes, que Manuel put heureusement garder secrète la complexité de ses opinions amoureuses. Ils tournaient dans le cirque des tentes commerciales sans connaître la fuite des heures. Des herses de lumières jaillirent tout à coup qui firent éclater les pourpres et les chrysocales des étalages. Plus affables s'épanouirent les bouches des marchandes exaltant au public les vertus des verroteries.

Allaient-elles apparaître, les pupilles siciliennes et la robe de vif argent au détour des allées improvisées? Avec les galons des lieutenants, les rires des dentellières envahirent. Eugène Doutrepuich saluait de leurs noms les fillettes, courroucées et purpurines, qui sillaient de leurs faces, affinées aux subtils labeurs, la sanglante pourpre des tréteaux de vente.

Tumultueusement papillonnaient les murmures, les frisures des filles écloses de leurs noires robes en volutes. Leurs gestes en ramilles éventées savaient dire plus que les paroles, et les fanaux de leurs pupilles arboraient les feux de bon accueil.

Hors le col mousquetaire, Manuel reconnut la creuse nuque de Louise, penchée devant les merveilleux bijoux. Un soupir le déchargea d'inquiétude. Il se sentit étreindre par le réseau de ses nerfs étrécis en une terrible vigueur.

Il la suivit, la contempla. Sans s'égayer cette fois, sérieuse véritablement, elle le gratifia de brèves attentions visuelles. De grands cercles d'argent balançaient aux ourlets de ses oreilles. Il s'étonna de ne la point vouloir charnellement. Il la voyait plutôt, enfant gracieux, appuyée à son bras, dans les claires sentes de la jeunesse, et cueillant les rêves au bord du chemin, les rêves effeuillés, recueillis, à effeuiller. Alors il eut un vif appétit de l'embrasser aux joues, aux lèvres incarnates : cela eût assouvi, lui semblait-il, toutes les soifs.

« Il perdait sa peine. Elle ne se laissait pas

faire, la petite Louise, aînée d'une honorable famille ruinée et nombreuse. Trop jeune et instruite aux principes honnêtes par son père, le sous-chef de gare. »

Ainsi lui remontrèrent les amis décevants.

Elle quittait la foire.

Seule, farouche et droite, campée dans les plis nets de sa mantille, elle s'enfonçait rapidement par l'ombre des rues. L'affectation de ne se savoir suivie décela son trouble.

Sans la joindre, Manuel marchait dans sa grande ombre fine élégamment étirée sur le trottoir. Un saisissement lui serrait la gorge au point de ne pouvoir émettre un mot.

Cependant, dès qu'il aperçut les gazons des forts et les créneaux, il se précipita, salua vers la saine, vers la grisante odeur émanée du linge.

A ses propos quelconques, et vides d'ailleurs, elle opposa le mutisme, sa seule défense.

Sans doute la tristesse suppliante de la mâle figure l'impressionna.

— Soit, je m'arrête, dit-elle. Que voulez-vous ?

Il ne demandait rien. Qu'elle consentît seulement à ne pas le fuir et quelquefois, une minute, lui causer. — Non.

Au cœur des grands yeux, les feux de guerre flambaient, haineusement. Il y lut la colère de se songer bête de luxe, propre à devenir pâture aux plaisirs de tout venant.

Il protesta. En quelque manière l'avait-il offensée ?

Voilée de sa mantille, elle lui dardait à la face de francs regards soulignant l'évidence de ses muettes déductions.

— Alors, c'est tout ?...

Et il joua cette méprisée comédie de pâlir, de feindre un tremblement, de s'appuyer à une boutique close. En fait la joua-t-il ? Très réellement ses jambes se dérobaient, sa denture claquait, son corps souffrait cinglé du réseau nerveux.

Elle ne répondit rien...

— Si nous étions de même caste ? implora-t-il, me repousseriez-vous aussi ? Dites. Vous ne niez pas du moins.

Elle détourna sa pure face.

Manuel s'enhardit. Il lui saisit la main sous les laines de la mantille. Elle s'enfuit, laissant une tiédeur d'oiselle.

Une suprême joie l'empêcha de poursuivre. Quand il revint aux sens, il planait tout léger dans l'exaltation des sonneries ; son ivresse joyeuse tintait avec l'ariette furibonde du carillon, secouée sur les madrures lumineuses de la cité nocturne.

La nuit, sa verve charma les invités de la mère. Avec la moqueuse Juliette, il crayonna en de rapides monologues les physionomies radicales ; lui, singeant l'emphase des dompteurs qui bonimentent sur leurs fauves, elle, Colombine de parade, battant la grosse caisse et la cloche, puis, sous figure du Suffrage Universel apportant de grasses pitances aux bêtes. Les gazettes imprimèrent le lendemain cette mondaine parodie.

Manuel revint au Cercle, y triompha. Mais sa vie liée dès lors à la fugitive image de Louise se passait en pérégrinations par les rues.

Il fut le fier jeune homme qui arpente les trottoirs autour des ateliers de femmes, et sournoisement observe si les passants devinent sa ridicule allure.

Aux clairs midis du printemps il trouva l'Aimée rieuse et fleurie de fleurettes.

Elle se présenta voilée de crépuscules et ondoyant aux grises brumes de la cité illuminée du seul ruban nacarat de sa tresse.

Dans la fourrure des soirs elle alluma sa prunelle à tous les lampadaires, à tous les étalages, à tous les astres.

Chaque matin elle renouvela l'aube limpide, vierge grecque sous l'icone des voûtes de défense pâlement ensoleillées.

Hors ses attitudes linéaires, Manuel ne la connut pas mieux qu'au jour de la première explication. Elle refusait les rendez-vous, se laissait seulement rejoindre et prier, durant que, très muette, elle se hâtait vers le travail, vers sa demeure.

Il se familiarisa et devint lyrique.

De doux sourires lunaires s'irradièrent, et les cercles d'argent tintèrent aux mutines moqueries de la tête maure.

Toutefois, il ne sut obtenir nulle autre réponse à ses déclamations. Il n'enviait rien autre non plus, sauf par un bas instinct de morgue juvénile que son intelligence méprisa. Aussi la raison s'étonnait des notables changements survenus en son âme. Où s'était perdu le scepticisme présomptueux de l'adolescence ? La virilité réfléchie, il la sentait l'envahir, moins prompte au but, et meilleure pour savourer les subtiles jouissances du vœu.

Il se complut encore à être couvé par une sûre affection. Car son astuce l'avertit que Louise le distinguait moins alors pour de voluptueuses convoitises, que pour les belles qualités de prestance, de science et de noblesse qu'elle semblait lui croire.

Quittant ce flirt, il n'éprouvait point le malaise sensuel, la terrible envie de s'assouvir qui le géhennait, après les adieux à Hélène, à Jeanne. Et la grisette lui était d'affection chaste ; illusion de suivre la souple hanche par les sentes balsamiques, avec de sérieux devis. Au contraire les mondaines persistaient à lui paraître de maléfiques succubes le devant ardre de démoniaques luxures, lui corroder la peau, le cœur, le corps, et rejeter ensuite sa pulpe desséchée au hasard des choses.

Ce cours de sentiments le ramena vers les saines conversations de Mme Héricourt, jusqu'alors très insignifiante dans sa vie. Elle n'avait point, ainsi que le père, à manifester de sévères sanctions pour les méfaits de Manuel. Plus soigneuse aux robes de Juliette, à l'économie domestique, à l'empire de l'office, aux propos des visites, elle ne voulait sortir de sa chambre avant l'après-midi.

Très attiffée, alors, la coiffure architecturale, et la bouche aimable, elle présidait bienveillante, inactive surtout. De ses lectures romanesques, elle se laissait difficilement distraire, répondant plutôt aux questions, inentendues d'ailleurs, par des signes d'approbation vague, afin qu'on ne la dérangeât de méditer ses écrivains préférés.

Hors son intimité, le fils avait grandi aux internats des lycées parisiens. La jeune sœur, élevée dans la maison, conquit les grâces immédiates, ne laissant au frère si rarement familial qu'une affection raisonnante, pécuniairement généreuse, mais mieux appropriée aux fins de l'éducation qu'aux tendresses quotidiennes. Doucement, il fit à sa mère ces réflexions, et la pria de condescendre jusque vouloir avec lui de plus maternelles relations.

Sans aigreur, elle lui répondit que l'âme vagabonde et durement personnelle du petit garçon avait de bonne heure tari chez elle la tendresse qu'il réclamait. De là ce long internat qui devait, suivant ses espérances, le polir, le rendre plus maniable. Au contraire l'occupation de lutter contre les camarades et les maîtres l'avait endurci davantage. Chaques vacances le montrèrent plus égoïste, plus amant de l'indépendance, des voyages, des chasses, de la sauvagerie campagnarde.

Pouvait-elle aujourd'hui le mieux chérir, quand à tous les instants il la blessait, aussi bien par ses théories révolutionnaires et sa tiédeur religieuse que par cette honteuse conduite qu'il lui appartenait, moins qu'à tout autre, de connaître.

Manuel espérait des protestations amicales, de beaux plans d'avenir ; voici que sans le moindre trouble, et en paroles toutes raisonnables, posées, Mᵐᵉ Héricourt l'exilait poliment de sa maternité.

Puis elle s'expliqua. Les Hanser sortaient du salon. Ils avaient dit comment partout s'affichait Manuel aux trousses d'une fille en cheveux et quelle gêne insultante cela devenait aux honnêtes femmes de la famille. Hanser priait M. Héricourt qu'il avisât afin que Mary ne fût plus exposée à de si tristes rencontres.

— Mary est indignée contre toi, Manuel, et cela se conçoit. Ton père a promis de donner satisfaction.

Lors entrèrent l'ancêtre, M. Héricourt ; et, la

mère s'étant esquivée, ils épanouirent leur fureur. A quelle abjection voulait-il déchoir ? Ne touchait-il point assez d'argent pour vêtir honnêtement ses maîtresses ? Avare à son âge ? Ses malles étaient faites. Il ne flétrirait pas plus longtemps le renom de la famille par sa présence dans la cité. Dès demain départ pour la ville universitaire. S'il aimait les habitudes des goujats, qu'il allât les satisfaire ailleurs.

Manuel s'enfuit, courut par la ville. Eugène Doutrepuich rencontré, l'aborda vivement. Le père Doutrepuich lui avait défendu de fréquenter Manuel. Cellarion blâma : quel besoin de se compromettre ? Tant d'autres filles s'abandonnaient, le soir, aux caresses hâtives. Le journal des radicaux contait, avec les initiales, le scandaleux amour de l'hoir légitimiste. Un billet anonyme était venu avertir la rédaction. Il fallait que l'amoureux s'exilât.

Un moment, Manuel songea à la résistance. Puis il craignit qu'on ne molestât la fillette, que la famille ne se mêlât des choses, fit sous main prévenir les parents. Cette Mary Hanser ! La vindicative incomprise ! Quelle folie, ne pas avoir commis l'adultère et roulé l'honneur du cousin dans sa propre farine.

Quand il annonça son départ à Louise, elle laissa paraître du trouble. Il conta presque telle quelle l'histoire qui l'obligeait à obéir.

Elle ne voulut répondre, mais sa petite lèvre se crispa d'une moue quasi pleurante ; et les pupilles siciliennes se levèrent à lui. Il lui plut de s'y mirer, avec la superstition que son image demeurerait indélébile, inscrit sur la rétine même de l'Aimée.

Ils atteignirent la haute muraille de briques crénelée, la gueule des voûtes, où, pour des mois, elle allait disparaître, Louise. Les nerfs de Manuel s'étrécirent à nouveau, et lièrent son corps cruellement. Il pria pour un baiser, le premier baiser, avant son départ, afin qu'il acquît la force nécessaire à souffrir.

Elle refusa : puisqu'elle ne pouvait, ne voulait, — puisque rien ne devait s'ensuivre.

Comme elle prononçait cela tremblante, il se rua brusquement à la joue, huma son duvet de fruit et la bonne odeur du linge chaud de chair. Déjà la fugitive clamait en joie presque offerte :

— Volé, volé, baiser volé ne compte.

Ah ! la robe de vif argent qui drape aux détours des voûtes de défense !

V

PRÉPARATION A L'HYMEN

Passé le vestibule pompéien, l'atrium s'ouvre, ses tentures de pourpre levées aux glissades des prêtresses ointes de benjoin. Les musiques tympanisent par-dessus le pétillement du vin dans les coupes. Les fleurs jonchent la mosaïque où s'effilient les blondes lueurs des torchères.

Là, mâchant l'opium, Manuel se vautre, épris de visions anciennes pour ce sanctuaire de Vénus. Diverses d'attitude, les hétaïres posent, et si peintes qu'à peine son ivresse les peut distinguer des corybantes évertuées aux fresques murales. Par l'impluvium de la serre béante pleut une intense lumière rubescente.

Des couples de filles s'y balancent que voilent les fumées des cassolettes.

Comme les soies des eaux marines, fluctue sous lui le lit de soie ; et la galère du rêve aborde aux herbes riveraines du bois sacré.

Quelque temps, il écarquille ses paupières lasses pour apercevoir la théorie lustrale qui ne doit manquer de paraître. Voici l'étrenne de l'Olympiade. Ecartant les ifs, les satyres montrent les boules précieuses de leurs orbites. Tuniques décloses, écharpes ailant de doux bras, les dryades meuvent en rythme cuisses, jambes, seins et guirlandes. Cymbales. Par les rouges corymbes et les sorbes, défile l'impérial cortège. Les buissons cinglent les bustes des bacchantes. Thyrses et sandales claquent. Rires : bris de cristal ; lèvres, sexes entr'ouverts ; et le secret des gravitations éternelles dort aux touffes de leurs aisselles.

Le scandale des chevelures engendre la mer amoureuse.

Aux souples bonds des tigres de Bengale écrasant les pampres, le ciel luit : leurs mouchetures sont les astres chevauchant les ellipses musculaires. Œuf giratoire, source des mondes, le char du Dieu détale par les perspectives de marbre bleu, que sille la finale des tympanons de corybantes, des hétaïres gambadeuses sous la pourpre de l'impluvium.

La Galathée coutumière des visions nocturnes commence alors la parade, coupe en main, blêmie de gazes, et tendant aux louis la sébille de la proxénète qui veille derrière les tentures.

Lui, mâle impondérable, affaibli d'opium, se perçoit à peine gravir les degrés, ses appétits en escorte à cette fière crinière violette. Mais à la fin de l'ascension : hanches sublimes, neigeuses solitudes du corps, arène parée pour l'exercice des cinq sens.

Libre du plus minime sentimentalisme, son art dilettante attaquant la souple Galathée, éveille en elle un très pur clavecin. Les pôles sympathiques de leurs nerfs conjoints en étincelles leur secouent voluptueusement les vertèbres, renforcent les durs parfums arabiques de la cassolette humaine toute ruisselante et vaporeuse, soufflant haleine d'absinthe et de menthe.

En pâle ciel ému de tourmentes sensorielles, où soufflent de merveilleux geysers d'odeur et des touffes de senteurs spirales, Manuel se déifie. Les pleins et les plissures, les rides des frémissements, les volutes des vagues charnelles, les extrêmes chevrottements de la vibration néphrétique, il se délecte jusque l'extase à les perpétuer, à les ouïr s'éteindre, étendre l'amplitude de leurs ondes à l'Imperceptible, où meurent les savants érotismes.

Saoulés, atones par l'abus de leurs forces réceptives saturées, l'odorat, le tact, le goût se tarissent.

Alors la magie des spectacles : le décor humain éployé en tous jeux de courbes et de lignes, en toutes seyances d'attitudes.

Contre la pourpre atroce du lieu pailleté par l'ivresse persistante, la fille se tord de dynamiques imprévues. Virante, elle multiplie les chatoyances de sa chair sous la cataracte des lumières ruisselant du lustre. Ainsi que des prismes, chaque nacrure de la peau s'irise en tons d'arcs en ciel.

A l'œil hynoptisé de Manuel, la femme squameuse reluit de pierreries où s'entre-battent les antagonistes, Vert, Ecarlate, Azur. Puis, halo de bigarrures, ces formes diffuses tendent à s'élargir en progression rationnelle.

Les nacrures désorbitées dardent leurs rayons compliquant la bataille des couleurs et des directions ; les domes des seins envahissent avec les pinacles des doigts, les tours et les murs plongés à la mer violette de la chevelure où sombrent les yeux, comètes jaillissant jusqu'aux lambris.....

Manuel quittait le bouge quand l'aube laminait le ciel dépoli.

Toujours, il allait servir une muette aubade au balcon de Jeanne, d'Hélène, incitatrices de son extase nocturne. Savaient-elles, chastement endormies, les cruelles luttes de luxure où chaque soir ie versaient leurs tendresses ?

Calme demeure flamande coiffée du fronton hanséatique, lourdement armée de grilles ventrues aux basses fenêtres ! Le rempart gibbeux par delà tentait de prendre le ciel sous le réseau des fortes branches.

Il songeait aux fiançailles prochaines, Hélène à

6.

sa main menée vers le sacrement des unions définitives.

Quelle autre réalisation accorderait-elle à la couche nuptiale ? Saurait-elle si facilement se parer de rêves prestigieux ? Ou, Vénus nouvelle, accroître d'elle-même la connaissance et les miracles de l'Amour ? Ses finesses, ses jeux de chatte éprise et fuyante semblaient tenir tout le Futur. Une fois assouvie la curiosité sensuelle, aucun sentimentalisme ne pourrait plus surgir en cette nature féline, sinueuse aux soies de toilettes souples. Cataclysmes à prévoir, ensuite.

Plutôt Louise, prometteuse d'avenirs chers et doucement égrenés sous l'éclat lunaire de ses sourires. Mais elle paraissait trop difficile à son grand appétit d'amour. Pourquoi d'ailleurs se laisserait-elle choir aux désirs égoïstes d'un homme ? Et l'horreur ensuite de la chute dernière : cette chose odorante engraissant dans l'obscurité des bouges...

Ainsi balancée par des espoirs opposés, son âme endolorie ne prenait repos qu'aux heures d'ivresses. L'éréthisme s'assouvissait à paître la pâte amère d'opium.

Dont l'abus le dompta : Son œil vit les choses flottantes sorties de nimbes polychrômes, irradiées en neige métallique. L'éclat des trottoirs blessa sa marche. Les caractères d'imprimerie manœuvrèrent sur les pages comme des bataillons s'animant pour figurer les images qu'ils signifiaient.

Ses lectures de l'histoire des philosophes peuplèrent les visions de Socrates chenus, de Platons doctes et drapés, d'Alcibiades outrecuidants. Plotin et le juif Philon lui devinrent d'assidus camarades. Bientôt ils ne le quittèrent plus, s'assirent à ses hanches au café, et s'accoudèrent à son lit. La barbe de Philon, très brune, empreinte de myrrhe, lui frôlait souvent la joue gauche, où le philosophe aimait à offrir ses confidences. Peu à peu la robe safran, la capuce noire effacèrent complètement l'attitude plus dure et menaçante de Plotin. L'odeur de myrrhe imprégna la vie.

Manuel eut ensuite l'intime conviction qu'un nombreux auditoire écoutait leurs controverses. Parfois le mur de la chambre s'ouvrait, et, dans les palmes des jardins d'Alexandrie, mille crânes ras, mille yeux attentifs surmontant des chlamydes de lin, apparurent mobiles et sévères, avec de courtes barbes annelées, et des plaques de cuivre sur les épaules. Dans la rue, il entendait la marche et le murmure de cette multitude disputeuse, et s'étonnait que la foule flamande ne se rangeât au passage d'un si étrange cortège. Quand le jeune soleil chauffa les jours d'avril, le bruit s'accrut à la suite de ses pas. Les paroles des disciples chantèrent comme le bruit de la mer, et les franges bordant la robe de Philon s'embarrassèrent dans les jambes de Manuel. Il en acquit l'habitude de n'avancer qu'avec hésitation, en continuelle peur de trébucher. La honte d'introduire une pareille école dans l'Université officiellement cousiniste, spinoziste officieusement, le rendit timide, taciturne. De pareilles compromissions lui vaudraient de sûrs échecs aux examens.

Cependant, parmi cette bande bruissante et la grande rumeur des voix, une figure chère ne tarda point à se préciser.

En chlamyde d'hydragire, les cheveux bandés sur les tempes, et la face obscurcie d'un voile noir, elle s'accoutuma au premier rang des disciples. Sérieuse et mate, sa forme notait les arguments des controverses. Le plaisir que lui procura cette présence (encore que des lois inconnues mais infrangibles interdissent de la reconnaître), se troubla vite d'affreux mécomptes. Les objections du Juif, Manuel ne les put résoudre. Il fut dans ce monde arc-en-ciel brûlé de soleils monstrueux, le doctrinaire misérable arrêté court au milieu des périodes, les yeux cillant à l'éclat électrique des trottoirs, à la barbe de jais de l'adversaire, à sa tunique safranée. Alors les voix des disciples mugirent d'implacables railleries. Manuel s'assombrit encore, évita les rencontres. Dans les traces du soleil, des milliers de têtes ricaneuses, des mains crispées le menacèrent du calame. Pour somme d'infortune, l'odeur de myrrhe émanée de la barbe adversaire empuantit tout, gonfla les sauces, se fragmenta dans le pain, la viande. Un énorme dégoût de manger saisit l'étudiant. Il lui parut mordre de la pommade à chaque morceau par sa dent entamé. L'opium suffit entièrement à sa faim. Seule l'amertume de la panacée relevait de leur saveur insipide les mets à la myrrhe.

Cependant le triomphe de Philon s'affirma. Manuel fit amende honorable. Il convint que l'homme ne saurait jamais connaître l'idée pure, l'Idée-Dieu, que, s'il parvenait à cette connaissance, les rancunes des Entéléchies délaissées le voueraient aussitôt à la mort.

Un immense découragement l'abattit, ces semaines de mai, dans une tiède taverne de banlieue. Pourtant toutes choses renaissaient à la joie des beaux jours. On entendait braire l'ânon caracolant par la prairie. L'ondine recommença ses trilles amoureux sous le rideau de peupliers blancs. Le clocher se pavoisa de rayons neufs. La chevelure de la Terre se mit à croître drue et verte.

Mais la chlamyde d'hydrargire lui tenait rancune de la défaite et se détournait dédaigneuse. Manuel comprit la fin de Tout, l'ombre de la Mort universelle qui allait ternir le cristal du firmament et embrumer les Astres.

Les hommes s'obstinent à connaître, déclamait le sardonique docteur ; et les Entéléchies accourent. De leurs ailes épaisses, elles couvriront la nuit du monde et l'échaufferont de soufre. Ah ! Sodome, Solyme, Herculanum ! Quels abîmes de feu ! Christ mort, les humains ne voulurent renaître à la Parole, à la Rédemption. N'as-tu pas entendu la voix, ô pilote de la mer Egée, la voix nocturne avertissant ta proue : Pan est mort, le grand Pan est mort !

Manuel s'alita. Les atomes dansaient dans l'irradiation souveraine de l'Astre franchissant la mousseline des vitres. Ils dansaient par-dessus les mille crânes des disciples, troupe veuve de la chlamyde d'hydrargire disparue, morte peut-être.

Agir, savoir, à quoi bon ? Agir vers la mort ! Savoir la mort ! Bégaiements de l'humanité puérile, perpétuelle agonie où fermente la vie.

Morts aussi sa virilité et le dilettantisme des contacts dermiques. Rien ne persiste que la grondante rumeur de la multitude pendue à ses membres, à sa langue racornie. O pâle soleil ! Essence première ! Feu des esprits ! A toi combinée, l'âme balancée par de grandioses, d'énormes rythmes stellaires dans l'absolu des nuits mélodieuses !

— Qu'as-tu, que veux-tu, mon vieux camarade ?

Les aiguillettes de l'artilleur penchées sur sa face, Manuel les agrippe de ses doigts blanchis ; c'est la blonde, la longue moustache de Lélian, et ses cheveux lustrés.

— Lélian, un prêtre ! je ne veux pas mourir sans prêtre. Je vous supplie, Lélian.

Que son âme s'épure des vices passés, des contingences infâmes ; qu'elle s'élève, essence initiale et vierge, jusqu'à la vertu de Dieu !

La confession rassura, la communion raffermit. Il lui fut accordé d'entrevoir l'échelle mystique de Jacob, les ellipses des Chérubins et les harmonies séraphiques, routes des Contemplations. Céline Van Goës l'assista, lui lut. Le docteur commanda qu'il vécût en famille, et répudiât la solitude. Les Caribert offrirent leur demeure, leur affection.

Il reprit ce volume, traitant des maladies de la volonté, des hallucinations artificielles. D'expériences en expériences, il avait atteint l'extrême période du mal étudié.

Sa longue convalescence garda une pénible mélancolie.

Vinrent de bons soirs aux balustres du jardin pomponné, entre Jeanne et Hélène ; leurs doigts dans sa main. Les fiançailles décidément se fixaient. De teintes citrines et mauves, l'Occident arrosa leur affable marivaudage.

Lui, convalescent et docile, se laissait induire aux heureuses prévisions matrimoniales. Pour la pâle intelligence encore affaiblie, hostile aux complexités ardues, des sentiments illicites et des jeux de couleurs, les blanches simplicités nuptiales promettaient de candides, d'efficaces électuaires.

Hélène se modifia. A son tour, elle parut ressentir ces troubles charnels naguère affolant le mâle. Longues stations dans le parc au bord du vivier : effluves du soir montant des yeux, des bouches, des plantes et qui chargent l'air de baumes aphrodisiaques ; pelotonnements à deux chauds fiancés sur l'escarpolette envolée à toute vigueur, et dont les bonds révolutionnent les républiques suspendues des éphémères. Elle y gagnait des feux aux pommettes, contre Manuel accourait s'assoir, glissait le bras sous le bras du jeune homme, puis heureuse du moindre prétexte, galopait loin, hors la portée de ses regards.

Après une veille d'études, Manuel montait l'escalier de fer fleuri d'acanthes et de chimères. Entre les parois de chêne poli, il avançait vers sa chambre doucement, par crainte d'éveiller les dormeuses. La lueur de sa lampe s'enfonçait très loin dans les perspectives diffuses et saures du bois. Plusieurs minutes, il s'arrêta surpris des miraculeux décors suscités par ce phénomène. De profondes galeries en cuivre semblaient conduire à l'ouverture de quelque palais de Kobolds gardeurs de trésors. Les Nibelungen, Parsifal, les Filles-Fleurs, Kundry, Tristan, Isolde. Toutes les harmonies accourent à sa mémoire, et le lacis des sons, des thèmes, où, en surhumains gémissements de passion, se confondent les voix des amants adultères, à la chasse du roi Marke. Comme il souhaitait vivre ces puissants délires exprimés par le dieu Wagner, la voix, la tendre voix de

Sieglinde sonna plus réellement avec la pudeur tintante des notes émues.

— Manuel !

Sa tête détournée crut apercevoir la porte ouverte des appartements d'Hélène, et la vierge en blanches formes accoudée au chambranle. Les verts fanaux de ses yeux illuminaient l'ombre.

Elle répéta :

— Manuel !

Et son sourire brilla.

Oh ! la virginité offerte en holocauste dans la corolle des guipures blanches ! Lui le Sacrificateur !

Il se précipita vers Hélène fugitive à l'alcôve par les tiédeurs de la chambre. Au seuil, béant, Manuel sut clairement qu'il ne l'aimerait plus ensuite, ni ne l'épouserait, laissant la flétrissure au front de l'enfant, à la demeure hospitalière, à la famille sainte. Feignant n'avoir compris, il passa outre ; mais radieux de loyauté.

— Bonne nuit, Hélène !

Peut-être d'ailleurs, et simplement, avait-elle voulu souhaiter encore un bonsoir espiègle. Cette fatuité puérile le perdrait un jour.

Elle faillit le perdre la semaine suivante. Prise d'une légère migraine, Jeanne alitée l'appela en sa chambre, le pria pour une lecture. Sa grasse et blonde beauté trônait parmi les satins pers, les dentelles diaphanes, reflétée aux glaces murales, aux claires argenteries massives de la toilette. L'encensoir pendu à la torsade du plafond fumait bleu, et oscillait de ses chaînes, de ses gemmes flambantes. Quel mauvais livre le hasard lui mit aux mains ? Il eût dû laisser cette description d'une petite maison galante promue à la publicité par l'avide débauche d'un roué du siècle défunt.

Au cours de sa lecture, Jeanne sembla s'intéresser fervemment. Les dentelles s'ouvrirent sur sa gorge de lait brunie aux cimes. Ses cheveux s'épandaient. Aux mirances nombreuses de la pièce, ses charmes se multiplièrent, en sorte que la chambre elle-même ne fut plus qu'une grande femme blonde dénudée dans l'averse de ses cheveux, au giron de qui Manuel lisait des phrases perverses. Toutes les câlineries usitées par la cousine lui revinrent conseiller l'assaut de sa vertu, et chanter qu'elle briguait son amour, sans doute pour connaître une âme neuve de jouvenceau, sans doute aussi par une belle prévoyance maternelle, voulant savoir à quel mâle sa fille serait soumise,

Jeanne lui causa de sa santé, le plaignit, s'empara de ses mains. Des bulles rouges, un goût de sang triomphèrent de Manuel, qui, craignant la faiblesse de la chair, trouva le prétexte de partir.

Trahir l'hôte qui lui réservait la fleur intacte de son sang? A quel point l'avait affaibli l'opium pour qu'il subît ces crapuleuses velléités de souteneur !

Il aima mieux qualifier de fatuité le désordre de son esprit. Ceci l'en assura que ses cousines ne manifestèrent nul dépit.

On parlait noces comme choses prochaines, entendues. Lélian, garnisaire de la cité, fréquenta assidûment les Caribert, en compagnie de Céline enceinte déjà et dont la faiblesse passagère dégoûtait apparemment ce robuste guerrier celte. Après une longue conversation avec Jeanne, il traita officiellement de fiancés Hélène et Manuel.

L'intimité de Jeanne ne déplut point à l'artilleur.

Ses visites doublèrent durant les absences du procureur qui pérorait aux assises. Céline acceptait cela sans fàcherie, ainsi que chose naturelle à sa situation. Vers la jeune fille elle se rabattit, qu'elle emmenait languir au bout du parc, et rougir de ses chuchoteries.

Manuel soupçonna les mauvaises confidences de la dévoyée. Il tâcha d'en distraire la vierge. Mais elle opposa d'aigres résistances. Ne voulant encourir le reproche d'anticiper sur la tyrannie maritale, il se désintéressa. Ses livres le gardèrent.

Puis il chevaucha par le soleil des plaines, avec Eugène Doutrepuich hôte de son frère, ainsi que les Hanser. Evidemment Eugène était l'amant de Mary. Les deux rythmes de luxures s'étaient joints, soudés. A Manuel il l'avoua, et quelles cuisantes heures, leurs rendez-vous. Jamais les gouges de rencontre, les plus dépravées des filles n'avaient valu au colossal garçon telles voluptés de l'adultère. Il les détailla. Louise, renseigna-t-il, parlait de Manuel à tous, et gardait sa légendaire sagesse. La jolie conquête ! Quel malheur, ce si proche mariage !

— Peuh ! Rien d'irréparable encore !

Et Manuel enlevant sa bête par-dessus une palissade, galopa sans paroles jusqu'au retour.

Car l'intimité d'Hélène, Céline, Mary, ne se voulait démentir. Plutôt s'affirmait-elle sous la protection de Jeanne, enchantée en apparence. Le fiancé sentait ourdir des choses contre son bonheur. Mary, Céline, vindicatives délaissées, labouraient l'esprit malléable de la vierge ; semant les graines de discorde et de honteuses débauches solitaires, elles préparaient l'adultère futur et toutes les déroutes de la vie conjugale encore inentamée.

A l'ombre des sapins funéraires, les sorcières accomplissent leur affreuse initiation, chaque après-midi. La docile Hélène enchantée boit le poison de leurs voix. Le croquet diapre la pelouse de ses disques, de ses maillets polychromes. Lélian, Jeanne unis gagnent les gloriettes louches aveuglées de lierre. Et Manuel demeure seul devant la sanglante réthorique du couchant.

Enfin les discours de Caribert rentrant affairé,

lui reprenaient point à point le réquisitoire, avec la glorification des grandes choses, Patrie, Justice, Mariage, Maternité.

Manuel examine à fond cette face lippue, touffue de favoris, intelligente plutôt. Ne cacherait-il pas, le rusé, sous cette affectation de croire, un large, un égoïste scepticisme acquis à tous les heurts de l'existence? Il se devine la dupe de cet homme fin, à jeunesse pauvre, et qui par ses feintises de foi parvint à la richesse, à la réputation.

Manuel prévoit la vie ainsi comprise, l'amant accepté se carrant dans les fauteuils avec l'impatience du monsieur chez lui et qui interroge le mari : « A quelle heure votre cercle ? » Cela accepté, par horreur de la discussion et des grotesques tragédies conjugales ; cela accepté avec le crétinisme du monsieur joli qui influence les menus selon son goût, indique la plage où passer la belle saison, et quel mode d'enseignement convient à la commune progéniture ..

VI

TOURNOIS POUR LA DAME

Les musiques grasses,
Les lampions de fête,
Dans la rotonde de feuillage,
Tintent, éclatent, éclairent.

A la lune plate, les flammes tricolores banderolent. Cernée de buveurs et de nuages tabagiques, l'aire battue poudroie sous les tournoyantes fillettes roses et bleues, sous les gracieux militaires.

Contre la buvette, contre les fioles de champagne décoiffées, Eugène, Cellarion, Manuel et Louise, aristocratique noyau du bal champêtre, plaisantent l'entrain des danses.

Elle se serre glorieuse a lui, aimante, et lui chauffe le bras, la main, de sa main gantée.

Ils s'isolent.

— L'absence fut l'épreuve, chère petite! Vous ne vouliez donc pas m'oublier?

— Que n'êtes-vous plus tôt revenu pour mon

repos. Je vais à ma perte maintenant. Déjà les gens bavardent.

— Et par ma faute vous risquez ces ennuis.

— Mon père a su des choses vagues ! Il a chargé son fusil, « à ton intention » a-t-il menacé.

— Voyons, Louise, décidez, quittez tout, ayez confiance. Nous irons loin, habiter ensemble.

— Non.

— Faudra-t-il encore que je m'éloigne afin que vous viviez tranquille ?

— Serais-je heureuse alors ?

— Sans doute.

— Vous le croyez ?

— Non, je ne veux pas le croire.

— Que réclamez-vous de plus que la joie de nous retrouver ainsi aux kermesses ? Si je cédais, j'aurais votre mépris seul.

— Méchante. Que votre volonté s'accomplisse.

— Voici ma sœur. Nous valserons ensemble.

Grise et rose, elles virèrent dans la poudre et la forte lumière des lampions mêlées.

Les musiques grasses,

Les lampions de fête,

Dans la rotonde de feuillages,

Tintent, éclatent, éclairent.

A la lune plate les ivresses tricolores banderolent.

Manuel la contemple qui entraîne la jeune sœur blonde.

Toutes deux doucement embrassées, pivotent graves. Serait-ce le rite gardé à travers les générations d'une danse hiératique de vierges ? — ce rythme pur, persistant dans la mollesse de la valse. Quand elles passent près de lui, les pupilles siciliennes brasillent, les dents s'illunent.

Elle hésite avant de lui accorder une danse seule à seul. Si fort il l'étreint et sournoisement s'arrange, que ses lèvres effleurent la froide conque de la petite oreille. Comme Jeanne, Louise détourne la tête, cache obscurément sa pudeur ; et palpite.

La dame qui chaperonne les jeunes filles, les examine, tantôt joviale de voir éclore ce bel amour, tantôt sévère, lorsque Louise s'attarde à la bande des dandys, faux épouseurs.

Quand il l'a ramenée à sa place, Manuel ne se hâte de rejoindre les bruyants camarades. C'est une plénitude éprouvée, un bien-être de calme volupté intellectuelle assouvie. Il l'aime pour ce qu'elle se refuse sincèrement à conclure la triviale apothéose passionnelle. Mieux que la Galatée des bouges experte par métier, la fillette ne saurait satisfaire aux délices érotiques.

Et lui se jugerait bien sot d'abîmer la délicate sensation du désir, ces mille béatitudes d'un flirt raffiné, aux ignobles heurts de chairs maladroites. S'il insiste auprès de sa vertu pour détacher la couronne finale, point d'autre cause que l'obligation de paraître envers elle, et sous les apparences nécessaires, très épris de ses charmes, très épris de les obtenir. Egalement, hélas! il sacrifie à l'indigne faiblesse, dont maintes fois le gourmande sa raison, d'en imposer aux amis comme redoutable forceur de virginités.

A leurs sottes demandes, à leurs « eh bien? » narquois, il échappe par l'affirmative; en sorte qu'ils le laissent s'éprendre à sa manière, et ne tâchent plus de s'immiscer au pur décor tracé par ses soins.

— Hélène Caribert, alors? demande Doutrepuich.

Manuel joue l'étonnement. Que veut-on dire? Non, jamais il ne fut explicitement question de mariage. On s'affectionnait, étant cousins. Rien autre. Les amis sourient en personnes qui savent quoi comprendre.

Lui-même, réfléchissant, ne se souvient guère si on le fiança. En somme, il n'a point demandé la main d'Hélène. Nul autre lien ne les engagea que de vagues allusions à un futur ménage, leur intimité affichante, la liberté de courir à deux, d'échanger les cadeaux et les longs propos des soirées quotidiennes. L'attitude très approbative des parents avait surtout nourri l'erreur. Plaisanteries, tout cela, et tolérance de bons cousins affectueux.

Soudain, il évoque les stratégies complexes, les sombres diplomaties des Héricourt, des Caribert, qui s'acharnaient à ne point risquer les premières avances. Et il rit de leur grotesque vanité s'effarouchant de requérir une chose sérieuse que tous un moment souhaitèrent, mais hasardant des phrases à double entente qui rendissent devinables les secrètes convoitises et permissent, en tout cas, de prudentes retraites. Cette sournoiserie générale l'égaie fort. Sa perspicacité même recula toujours devant les plus minimes avances et les impatiences de la jeune fille, la seule raisonnable, et qui voulait en finir franchement. L'atavisme de la sourde politique provinciale machinée par des siècles de tromperies et de ruses, avait agi sur l'esprit malléable de Manuel, soumis à l'influence du décor familial.

Arpentant la grande route, au retour de la kermesse, il éclate de rire vers la placidité des astres qui régissent la ridicule planète humaine et sa pauvre âme, jouet de toutes les apparences, captivée par elles, modifiée, affolée.

En telle manière que rien à jamais ne se doit conclure : pas plus l'amour de Louise que la haine de Philon le Juif, le mariage que la poursuite des Nominaux, les passions nomades que ses théories de socialisme catholique. Lélian avait-il conclu avec Jeanne ? Eugène avec Mary ? Et leur grand complot légitimiste ? Ni rêve, ni réel. Les apparences également fallacieuses peinaient de leur vieux rythme hostile pour l'avortement de toute certitude aux cervelles des hommes.

Seul, intelligence négligeable en cette campagne rase accointée à la coupole du ciel, — il se sentit irrémédiablement entraîné, sans appui tangible, dans le giratoire, dans l'incompréhensible stroom des idées et des ellipses stellaires, des actes et des gravitations universelles, des conceptions scientifiques et des races migratrices.

Où savoir ?

N'empêche : il eût bien voulu contempler les diplomaties actuelles des Caribert et des Héricourt aux prises, sur les sables de la plage balnéaire. Là elles évoluaient pour clore ou rompre les préliminaires du mariage.

Or Jeanne, en passage chez l'Ancêtre, afficha de la froideur. D'ailleurs de sinistres tragédies paraissaient s'ourdir en elle, tôt justifiées par la venue de Lélian très pâle, claquant les éperons contre les dalles. L'oncle Beauglaive cognait les meubles de sa tabatière, battait fébrilement les basques volantes de sa lévite bleue. Très bas il murmura dans l'oreille de l'un et de l'autre. Jeanne s'épongea les yeux; Lélian cravachait ses bottes et son képi. Le couple finit par gagner le parc, et, en grandes gesticulations, se perdre sous les frondaisons extrêmes.

Soigneusement l'oncle ferma d'un double tour la porte vitrée afin que personne ne les pût suivre. Il dissimula le scandale, d'un grand air, imposant son flegme aux invités qui feignirent une favorable cécité. Il les emmena vers les nouvelles acquisitions des écuries et du chenil.

Manuel s'indigna. L'Ancêtre lui-même voilant ces turpitudes, arrangeant sous son toit le confort de l'adultère! Lui aussi, dès lors, savait la honte des choses, la pauvreté de la nature ; lui aussi, par sa feintise de croire, couvrait l'ébriété coutumière des splendides sentiments.

— Dérobez-vous au décor, jeune homme. Ne soyez pas épars aux apparences des choses.

A grands coups de lorgnon, Usmar Desormes plantait ces principes dans le crâne de Manuel assis, stupide ; puis lui ricanait, haussant la voûte haute de ses épaules.

Tout ce monde s'égrena au blond tapis des plages, aux rocailles ombreuses des villes d'eaux.

Manuel et Cellarion embrassèrent librement le soleil d'été.

L'aube les chassa dans les marais, fusils aux mains, à la mort des grèbes et des macreuses.

Le midi les dora sur les monts des remparts où ils accompagnaient Louise gaiement babillarde.

La vesprée les berça sur les moirures du canal, dans la fluette nef d'acajou que précipitait leur vigueur à toutes rames.

Le couchant pourpra leurs corps nus fendant les ondes à la nage.

D'une course rapide, ensuite, ils gagnaient, encore ruisselants de fraîcheur, la sombre salle d'auberge et s'attablaient devant de copieuses viandes saignantes. Ils y connurent Esther, liliale miss exportée par l'humeur vagabonde de sa race, pour l'élève des babys continentaux. En cette auberge, elle surveillait de replets produits humains alimentés selon sa science éducatrice. Cellarion interpréta ses demandes dans le patois de l'hôtesse, puis conversa en langue anglaise. Ils prirent coutume de partager la route jusque les chaînes du pont-levis enjambant la colère accoutumée des eaux guerrières.

Manuel y joignait Louise attendante.

Par-dessus les cimes feuillues agitées contre les roses murailles de brique et l'ampleur des bastions, la fillette guettait, droite en sa robe d'argent, nimbée de crépuscule. Le chien Stop lui jetait de grands abois de reconnaissance, filait par les poternes jusqu'à elle, et bientôt gambadait à la sévère allure de canéphore.

Sous les voûtes bruissantes des peupliers, ils foulèrent ainsi, les soirs, l'herbe drue des remparts tout odorante de ses foins rôtis. Le ciel baissait sa toile d'hyacinthe vers leurs têtes confidentes.

Muets et tendres, les mains unies, ils se plaisent à reposer leur marche sur l'affût d'un très vieux canon veillant à la plaine. L'enfant élue par son désir offre à Manuel un rouge bouquet de lèvres, dont il effleure les pétales incorruptibles.

La ville gisante, violette et rose, enveloppée

de brumes, offre au ciel la couronne princière de son beffroi et les croix de ses églises, blasons de sa foi, de sa force. Suaves angélus, les sonneries protectrices des cloches chassent les premiers vols de démons; et les circuits des noires corneilles croassent le couvre-feu aux dernières batteries des forges.

Religieusement ils communient à cette pudeur des choses, par une miraculeuse béatitude. Ainsi que les fumées bleues doucement planantes aux faîtes, leurs âmes doucement ondulent au rêve de perpétuer l'amour imprégnant leurs êtres pénétrés. Sans s'exalter aux féroces étreintes qui brisent et lassent, sans faiblir aux oiseux dialogues qui souillent par l'inanité de leurs signes insignifiants.

En très lente, très savante saveur de lèvres effleurées; dans l'assonance atténuée de l'angelus expiré.

En très subtiles voluptés de leurs doigts caressés; outre la tactile impression d'invisibles libellules qui somnambulent. En bonne odeur de leurs chairs sœurs et de leurs cœurs; sous la brise essorée par les cimes des peupliers.

Violette au firmament et aux nues, violette aux précipices et aux rues, avec ses paillons d'astres et de lampadaires, la nuit voile les soupirs soulagés de labeur, comme l'harmonie sensitive voile les souvenirs et l'avenir aux amants étendus sur le canon des guerres anciennes.

Pianissime extase qui refleurit aux heures cadencées de la yole froufroutant aux nerveuses ramilles des saules trempés.

L'ombrelle écarlate auréolait ce visage maure. Et le halo d'un intense soleil inaugurait au fond des eaux le palatial décor d'une Byzance noyée, sur laquelle ils glissaient. Illusoire Byzance des croyances et des scepticismes, cité noyée aux premiers flux de sagesse, portant la barque de l'amour essentiel.

En Elle, Manuel symbolisa tous les drames de sa pensée. Les gestes furent la mécanique astrale ; les regards la force cyclique des fluides ; les hanches, la source des transformations universelles ; le buste fut l'esthétique ; le visage, les religions ; la marche, l'assomption à l'idée une et mère ; la parole, l'accord et l'harmonie.

Ce lui suffisait de contempler la déesse pour que son imagination évoquât les sublimités métaphysiques et toute l'histoire des rythmes incarnés.

A la concevoir ainsi, forme objective et sensible de ses féeries mentales, il s'habitua de la croire sienne aussi bien que les créations de l'âme. Les spéculations intellectuelles ne se formèrent plus en lui sans qu'il les logeât en quelque attribut de l'Aimée. Elle ne se sépara plus de sa vie, emblémature toujours présente de ses moindres soucis, de ses plus abstraites conceptions. En sorte qu'il s'aperçut, un jour, avoir objectivé en la jeune fille le macrocosme qu'il avait promu au rôle de symbole extérieur.

Hors sa conscience, rien n'existait, que l'Inconnaissable, ce néant. Toute chose perçue était soi.

Il fut le farouche possesseur de la femme qui ne souffre le plaisir des autres à la voir, à lui parler.

Un soir de kermesse, venus ensemble de fort bonne heure au bal presque vide, cette solitude leur agréa, comme l'absence du bruyant dandysme des amis. Libres de contrainte, ils s'évertuèrent à tourner, chair à chair, dans la fraîcheur d'un air encore humide d'orages diurnes.

Subitement la troupe des gymnasiarques, hurleurs de refrains obscènes, envahit l'enceinte rustique. Féroces éphèbes alertes, en blanches guêtres, les muscles bossuaient leurs maillots tricolores. Ils virent, il chuchotèrent; des mots « mangeur de bon Dieu, jésuite, calotin » malsonnèrent aux oreilles de Manuel, qui dissimula. Pendant le repos d'orchestre, un coryphée de la bande fut inviter Louise pour une valse qu'elle refusa. Et, quand les premières mesures attaquées. Manuel la vint reprendre, l'homme s'opposa : « Elle danserait avec lui ou ne danserait pas. Un tel calotin ne ferait la loi à eux, dans leur ville. Ils avaient assez de ces hypocrites qui débauchaient leurs sœurs, entre deux confessions. » Manuel voulut passer outre. L'homme le toucha. Boxeur fortuit, le sportsman s'effaça, poings allongés à la troupe qui ondoyait dans l'ivresse de sa colère. Les coups plurent. La meute le coiffa. Le sang lui voilant la face insensibilisée par les meurtrissures, il ne vit plus que la fillette évanouie, et autour de lui, les gestes multicolores des adversaires s'évertuant parmi les sourdes batteries de poings, de bottes. Pourtant il ne succombait ; plutôt sentait-il les masses céder, s'abattre, crouler autour de sa vigueur affermie. Puis il se trouva libre d'étancher le sang, de reconnaître Doutrepuich, Cellarion, d'autres, cognant à poings formidables, plongeant sur la cohue des maillots tricolores qui jonchèrent et se retranchèrent sur l'estrade de l'orchestre.

Cette victoire brusque des *mangeurs de bon Dieu* renouvela les hostilités politiques. Les gymnasiarques aiguisèrent des espoirs de revanche, tendirent des guet-apens, lesquels avortèrent pour ce que les gentlemen, alors fervemment occupés de chasse aux grèbes, ne sortaient guère sans leurs rifles, et en nombre.

On choisit pour quartier général un pavillon de garde qui tenait le centre des marécages étendus depuis la chaîne des Bastions jusque deux lieues circulaires dans la campagne. Ce pavillon appartenait à un robuste quadragénaire, dont la hâblerie en succès cynégétiques comme en galantes aventures avait éclipsé l'appellation patronymique sous ce surnom : Le Menteur ; Ch'Minteux, patoisaient les paysans incrédules à ses étonnantes hyperboles.

On s'amusa ferme dans la Maison Bleue, aussitôt flétrie par l'opinion radicale d'inconcevables histoires de débauches romaines et grecques. Tant, que les gamins excités par leur grands frères s'accoutumèrent à attendre le retour nocturne des veneurs pour les assaillir, à l'abri des bastions, de briques et de pierres ; ce dont plusieurs furent gravement blessés. Ces agresseurs rejoints, on rencontrait de pauvres mômes chétifs, à peine vieux de six hivers, et qu'il fallait bien élargir, après une claustration temporaire dans la cave.

Cependant un silex fendit l'oreille de la grande Laure, maîtresse absolue de Ch'Minteux qui, pour elle, satisfaisait à tous caprices. Elle réclama vengeance, refusa de se badigeonner de céruse et de cohl, de sangler ses formes aoutées, jusque réparation parfaite. Quel saccage de sa beauté, cette négligence décelant les madrures de sa peau de truie, et l'attitude ballante de la gorge. Pour l'extrême désespoir du gros homme, qui, à l'oreille de tous, quotidiennement confiait : « Laure, cher, comme ça, d'extérieur, ce n'est rien, malgré son chic unique ; mais dans l'intimité ! mon cher, dans l'intimité, ah ! » Et de rouler aux nuages ses gros yeux blancs, comme si le paradis eut lui-même avoué sa déchéance près des charmes de Laure.

Donc il peina, réfléchit, s'ingénia. Après plusieurs jours d'exercices à huis clos, il fut prendre Manuel. Approvisionnés de cailloux plats et tranchants, ils surent vite, par leur dextérité de tireurs, raser un pieu de façon à lui soustraire une mince pellicule de bois sans autrement l'entamer.

A la première agression, en pratique de l'art acquis, ils scalpèrent adroitement les trois plus hardis voyous qui se prirent très sanglants à piauler. On leur jeta quelques louis, pour le pharmacien.

La gazette radicale se lamenta. « De pauvres « enfants instruits dans les vertus républicaines « n'avaient pu supporter le scandaleux spectacle « de faux dévots qui, accompagnés de courti- « sanes éhontées, scandalisaient les moins chastes « des promeneurs par le cynisme de leurs attitu- « des... Et quels ennemis ! Des bébés de trois à « cinq ans ! Le massacre avait duré une grande « demi-heure... »

Toutefois les gamins n'osèrent se risquer à nouveau, et la grande Laure se recrépit.

De beaux jours éclorent pour l'hygiène des chairs baignées au limpide miroir des étangs, sous la glace firmamentale. Les yoles d'acajou coururent sur la peau verte du canal ombreux. Les macreuses culbutèrent dans les blanches explosions ; les chopes se vidèrent ; les hamacs bercèrent.

Aux splendeurs des soirs, Manuel guidait son

as jusque l'arrivée de Louise. Assise au banc du barreur, elle demeurait fixe et grave. Le ciel, les mondes, évoluaient à ses pupilles cosmiques.

Dans l'ombre religieuse des saules, sa face auguste se transfigurait, miroir du mouvement essentiel. Halluciné, doublant sans fatigue la vitesse de ses rames, Manuel volait sur les froissures de l'eau soyeuse avec un sillage d'odeurs et d'argent. L'heure était oubliée, plus lente. La lune à travers sa chevelure de ramilles signait leurs fronts. En la mâle poitrine vibraient des harmonies universelles. Il se croyait grandir comme la nature, avec les veines des fleuves, l'haleine des vents, la chevelure des forêts et le cœur des feux intérieurs.

Pris à la robe d'hydrargire, elle allégeait sa raison de toutes les contingences.

Alors l'orgueil de Manuel s'illimita.

Sa démarche pesait aux hommes.

Au coryphée des gymnasiarques lui renouvelant leurs griefs, requérant qu'il rendît la vierge à l'honneur de sa famille, il insulta. Qu'on élût un, dix champions contre lui. A toutes armes il combattrait pour sa Dame.

Le plébéien refusa. Ils n'étaient pas des spadassins, eux. Mais on avait juré sa mort. Qu'il quittât la cité. Ou leur forte haine enfin victorieuse accrocherait son cadavre aux créneaux des portes.

Les épaules haussées, Manuel pivota vers la tente du tir, abattit huit colombes à la file : et, comme un loqueteux courait par l'arène, il le mit en joue, criant aux fleurs de la gentry pavanées.

— Combien coûte de casser un voyou?

VII

TRANSFIGURATION DE L'IDÉE DANS L'IDOLE

Des neiges et buées hiémales pâlissent les mousselines pavoisant la couche amoureuse ; et Manuel savoure le silence des après-midi de décembre où il rejoint la tremblante Aimée délacée de ses armures de vertu.

La saison complice les enferma dans cette chambrette recélée aux plus désertes rues de la vieille ville ; et les effluves que dégageaient leurs chairs saturées de passion, se condensèrent dans l'étroitesse du lieu au point d'enivrer l'amant jusqu'au délire du viol.

Maintenant, elle tressaille dans ses bras comme, aux minutes de combinaison, les substances alchimiques, et sous ses doigts virtuoses, elle vibre comme les âmes réveillées des clavecins.

Et quel réveil de leurs atavismes l'un à l'autre destinés ! Lui, brutale vigueur Celtibère épanchée avec le flux des conquérants qui mâtinèrent sa primitive race flamande, puis détrempée au vieux sang royal de Rascie jusque cette actuelle allure blondissante d'Infant qu'eût peint Vélasquez. Elle, fille Berbère à la proéminente lèvre incarnate, fleur virtuelle de ce même flux de conquête, éclose dans les ruts inconscients des Maures convertis aux étendards de la catholique Espagne.

En leurs âmes, Manuel et Louise reconnurent la patrie première et s'éblouirent aux communs reflets des soleils originels

Telle fut la débutante phase de passion : immense joie de se retrouver, fraternels après des séparations séculaires et tous les travestissements d'individus successifs où dormirent les germes de leurs êtres.

Il le sentit dès la minute sanglante où il terrassa, dans une âpre lutte nocturne, les résistances de la vierge forcenée combattant pour l'ultime défense de ses temples, perdant lambeau à lambeau les voiles de ses sanctuaires, et cachant la honte de sa face souillée afin de ne pas savoir la dévastation de sa vertu.

Des jours, des nuits, sans paroles, ils ne cherchèrent qu'à renouveler le mystère de leur retour à la santé des origines.

Comme dans les rêves atomiques de Lucrèce, ils délirèrent à emboîter leurs membres, à sonder leurs cryptes, à humer de ventouses labiales les spasmes de leurs poitrines.

Chaque embrassement valut le transport du voyageur découvrant les sources des fleuves divins, du philosophe qui vient d'atterrir à l'évidence de la Loi.

La chambrette avait, aux trumeaux, des astragales de plâtre en forme de guirlandes d'autel antique. Les fenêtres quadrillées de vitres minuscules tortionnaient les apparences du paysage, cette place déserte enclose de murailles ; et l'école des tambours tonnait sans cesse dans l'horizon blanc.

Au bord du sopha contourné, ils se dirent des confidences, et leurs enfances, et les sensations de leurs entrevues liminaires.

Le vif carreau rouge, floré de moquettes passées, souventes fois parut à Louise dramatiser l'avenir de chagrins, de craintes, de regrets, jusque l'instant où Manuel l'attirait à son sein. Elle s'y blottissait frémissante, sous l'imminence d'une proche catastrophe pressentie ; toute la tendresse de l'Amant ne savait lui prendre la confession de cette terreur.

La pendule radoteuse, en ses colonnes d'albâtre, sonna l'hallali de bien des plaisirs, le triomphe de bien des prières, la douleur de bien des au-revoirs.

Auprès de la mesquine cheminée ronflante, peinte de noir, il la trouva précédant les heures convenues des rendez-vous, et ses joues fraîches et ses lèvres brûlantes, et l'infinie supplication de son étreinte agriffée.

Sur la console dédorée où le vase bleu élevait sa touffe de roseaux secs, il posa chaque heure d'amour le haut peigne d'écaille, écluse de la fluviale chevelure, alors torrentielle contre les ambres des épaules, contre les corolles mauves des seins menus et succulents.

Dans le profond fauteuil à ramages, sa tendre appréhension interrogea la fillette pour cette vague terreur qui la tenait quasi morte aux caresses, les yeux mirant les flammes de l'âtre, inquiets à des vols inaperçus de drapeaux noirs.

Mais sur les blancheurs de la couche amoureuse, elle se renouvela toujours inlassable, hostie de volupté, Isis féconde en initiations diverses, symbole délicieusement saisissable des Vérités Premières, idole pieusement baisée, ointe de caresses par la dévotion de l'hiérodule.

Afin de distraire sa douce tristesse, Manuel rompit la stricte réclusion où les avaient confinés leurs amours.

Comme la gentry demeurait absente, retenue aux chasses éloignées, il jouit seul de la Maison Bleue, de ses flottes de grèbes, de ses envols d'oies sauvages.

Les tourmentes de cette fiévreuse affection altérèrent la santé physique de Louise qui dut abandonner les travaux habituels. Les médecins consultés, amis de Manuel, conseillèrent aux parents de la fillette d'imposer une active existence : promenades et bains d'air. La dure surveillance du chef de gare se dût relâcher. Par les froids et secs matins, quotidiennement, le jeune homme put conduire son buggy jusque le pont de briques roses, arqué sur les précipices des fortifications intérieures. Le pur azur du ciel montait derrière la grave fille en attente, et les pans de neige se reflétaient aux arcades de ses yeux.

Sous la capote baissée du buggy, ainsi qu'en un berceau, les êtres jumeaux aimaient s'étreindre et chauffer de baisers les satins glacés de leurs visages, invisibles aux passants.

Le trot de la bête sonne par les routes pétrifiées, vers les clairs paysages fumant à la limpidité de l'air, vers les blanches vapeurs des étangs.

Parvenus à la maisonnette, ils s'amusaient du ménage à faire, des fagots flambants, des filets étendus, du cheval déharnaché hennissant à la fenêtre de l'étable comme par désir de prendre sa part aussi de la joie des fagots taquins à la bouilloire, des doigts taquins au corsage.

A contempler se courber les hanches, le buste, et se multiplier les attitudes de l'enfant, Manuel ne songe plus partir à la guerre des bêtes. Le jour crayeux vernit la face maure, se marie aux lunes du sourire sur la proéminence de la lèvre incarnate.

Et puis les flexions du corps gracile serpentent sous le drap écarlate de la robe lâche, démonstrative pourtant de souplesses, de sinueuses et reptiliennes directions. Amphore de ses hanches : et toutes les théories des temples éphésiens. Molle ondulation du buste penché : et tous les chants des sirènes nageuses aux rocs de Charybde. Il se reprenait à exalter son désir dans la bonne odeur de linge chaud de chair ; et, en peur de se fondre encore l'un à l'autre, il fallait s'enfuir.

Manuel avait exclu de sa vie tous les plaisirs de sa caste, l'élan des chasses, les diaprures des soirées, la faconde des festins. A la suite du mariage rompu, une brouille de famille avait surgi qui éloigna les Héricourt des Caribert et des Hanser. L'inconduite de Manuel indécemment promulguée en plein bal par la fureur du magistrat avait froissé fort M. Héricourt. Les avances d'Edward et d'Hubert Beauglaive ne purent renouer les relations. L'Ancêtre affairé donna raison à tous, ne voulant soutenir aucun. Alors les Héricourt, en somme réprouvés de la coalition familiale, brisèrent officiellement par le refus d'assister à un repas de conciliation chez l'Ancêtre, par un immédial départ aux villégiatures d'Algérie. Lélian Doutrepuich suivit le sentiment de Jeanne. Céline Van Goës ainsi que Mary le poussèrent à embrasser leur grief contre Manuel, contre ses parents.

Pourtant, les Héricourt partis, et comme si eux seuls eussent fourni l'opposition au mariage, une tentative fut risquée par Edward et Hubert.

Un temps de gel, ils entraînèrent Manuel à descendre le canal en barque jusque la Ville universitaire pour la pournite des hérons et des canards sauvages qui passaient. Dîner chez Lélian, et retour, la nuit, par le dernier train.

Louise étant tenue à la chambre par une indisposition, Manuel accepta ; Eugène et Cellarion rejoignirent. Entre les plates campagnes fuligineuses, ils filèrent à toutes rames dans un fort courant d'eaux limoneuses. Les rifles tonnèrent aux anses chevelues de roseaux, enflèrent leurs blanches nues de poudre où culbutèrent les volatiles désemparés.

Le déjeuner finit sur les inévitables libations du champagne ; et alors Edward entreprit Manuel sur sa liaison absorbante. Quel plaisir à demeurer, les jours, les nuits, en la compagnie d'une dentellière sans éducation ? Et l'avenir ? Et les métaphysiques ? Et le socialisme chrétien ! On le plaisantait férocement. Allait-il se marier ? Quoi ?... Ah ! le jeune homme ! Son innocence ignorait le péril, les affres d'une liaison que l'habitude et l'âge rendraient indissoluble, au moment même où sa perspicacité plus mûre découvrirait les funestes discordances de leurs caractères opposés, de leurs goûts antagonistes, au moment où, la jeunesse flétrie, l'accoutumance ancrée, la volonté perdue, il plierait au joug de la vieille maîtresse acariâtre, et peinerait à lui complaire servilement parmi des décors misérables. Les salons et les fiancées de leur caste, la douceur des lampes conjugales et l'éclat des fêtes polies ne le sauraient-elles mieux éjouir ? La famille s'endeuillait de cette intelligence enlisée aux caprices d'une plébéienne. Si sot, lui, Manuel !

Ils lui montrèrent encore les carrières fermées par le scandale ; tel mariage politique manqué, nanti d'influences sûres et d'utile fortune ; sa vie d'homme supérieur à jamais fugitive. Dans l'obscure réputation d'un viveur de province son orgueil irait-il se noyer ?

Ainsi le menèrent-ils jusque l'heure d'atterrir au quai. Et subitement il se trouva chez les Caribert, face à Hélène. Lélian, par un mot laissé chez lui, les avait prévenus de ce changement fortuit, sous le prétexte de cuisinière renvoyée.

— Tu as manqué le coche, Manuel. Aujourd'hui, anniversaire d'Hélène, que n'apportes-tu tes fleurs et tes madrigaux ?

A brûle-pourpoint, le cousin Caribert lui lançait l'aimable reproche, en invite. Il s'excusa maladroitement, et pour effacer le manque de savoir-vivre, s'empressa vers la jeune fille radieuse, semblait-il, de l'avoir reconquis.

— De bien belles occupations vous ont tenu éloigné de nous ? Vous nous avez négligée, ingrat jeune homme, je veux savoir en faveur de qui.

Manuel vit qu'elle connaissait vaguement son

histoire. Il tâtonnait en sa réponse longue ; le domestique annonça le banquet servi.

L'ivresse des propos et les flacons, les passes odorantes dont l'enveloppaient sensuellement les gestes prestigieux de la vierge, ses appétits de luxe et de haute existence émus à nouveau par la splendeur du lieu, des vaisselles, de la joie, troublèrent sa constance à Louise. Il rêva un parallèle amour, une soyeuse épouse adamantine, reine délicate de ses palais, de ses galas, et une fauve favorite sauvagement éprise à l'écart en ses jalousies maures ; auxquelles sa forte passion se désaltérerait tour à tour. Même il indiqua des projets d'avenir, les œuvres à entreprendre, sa prochaine entrée à l'Ecole des Chartes, afin de consolider par les connaissances historiques ses théories de rénovation sociale.

— J'aimerais volontiers être l'épouse d'un savant politicien, fit-elle.

Et son œil, en cet aveu inédit, sous le vol de l'éventail, fixait des promesses autrement intimes et voluptueuses.

Autour d'eux, les convives haussaient leurs voix complices. Le tumulte les isola. Jeanne et Lélian les regardaient en s'expédiant de mutuels reproches par mines et par regards.

Eux se murmurèrent plus affectueusement. Manuel sentit le cingler la rage néphrétique de ses désirs ; ses mains tremblèrent ; il pâlit de ce bonheur prévu double et tangible, pour la vie...

— Vous ne savez, Manuel, ces semaines dernières, nous allâmes souvent chez les Voyenvau... Cela vous étonne... Oui, je comprends. Mais ils deviennent présentables, ces gens : il font courir. Albert Voyenvau a tapissé sa chambre avec les fers de ses chevaux vainqueurs. Et il les a fait dorer. J'ai été voir. Quelle merveilleuse idée, n'est-ce pas ? Et ne méritent-ils point la visite des honnêtes gens ?

La basse intonation admirative dont Hélène scandait cette parole décela ouvertement l'affreux caractère de cocodette inclus sous ces formes de grande fleur soyeuse.

Elle blanchit fort, sentant sa faute. Lui, d'un amer sourire, s'inclina.

Un bouquet et une carte, sans écriture, envoyés le lendemain, clorent définitivement les entrevues passées et celles prévues.

Désormais entre lui et ses cousins, plus d'autres conversations ne furent possibles que sur les sujets de sport, et les idées de politique générale.

Mais Cellarion devint encore plus intime, pourchassé lui aussi par l'ironie des gens que choquait sa forte passion conçue pour Esther, la miss connue à l'auberge de leur été.

Ses espoirs d'enfance, elle les avait conclus, la

mince et mélancolique sourieuse au calme langage saxon psalmodié.

Leurs intimes délices d'amour, les jeunes gens ne se lassèrent de les analyser ensemble, comme leurs souffrances d'attente et les minimes froissures habituelles.

Assis dans la chaude vérandah servant de rédaction au journal, ils conversaient sans fin, devant les jeux de la meute qu'élevait Cellarion, superbes setters écossais badinant derrière les grillages. A les voir, l'impatience des bêtes s'excitait ; et les fortes pattes, les gueules roses grimpaient aux lacs de fer avec de furieux abois. Les joyeuses bêtes s'étonnaient de leurs sérieux devis, demandant de plus propices occupations, la campagne et les cors et les bois.

Souvent ils cédèrent aux quêteuses prières de ces bons yeux jaunes. Et le dog-cart fila, traînant les gambades des vingt chiens à toute fanfare de voix, au désarroi des chaussées populeuses où la meute culbutait, avec les enfants, les lessives installées en pleine rue. Les pierres grêlaient vers eux, moins efficaces que les larges coups de chambrière dont Cellarion enveloppait les groupes de plèbe.

Dans la vacuité des plaines ce galop fendait l'âpre bise et son orchestre de sons marins.

Cellarion disait ses infortunes de gentleman pauvre, et quelles difficultés à encourir pour libérer Esther de sa domesticité éducatrice. A la suite de scènes brutales, il l'avait reprise à des maîtres stupidement hautains. Il la cachait dans le modeste appartement concédé à ses besoins par l'administration du journal. Pour ne point trahir sa présence par des bruits révélateurs, elle restait couchée le jour. La nuit, en épais chaussons, elle vaquait aux besognes de toilette, de nourriture; puis avec des précautions de traîtres mélodramatiques, ils allaient promener leur fier amour sous l'éclat stellaire des nuits froides, par les pierres glacées des routes. Si on avait su, le rédacteur catholique perdait sa position, leur subsistance. Et pourtant sa conscience sûre peinait pour convertir la protestante à l'orthodoxie. Il ne doutait point de réussir. Alors il épouserait la néophyte, sa loyale ambition ne voulant vouer au hasard de déchéance la vierge sacrifiée par ses appétits mâles.

Le journaliste montrait, au milieu d'une grande cour, le couvoir destiné à la multiplication des volailles, des perruches, des oiseaux de luxe. Avec les revenus d'une si propice invention, il élèverait la future famille. Déjà piaulaient dans les cages les poussins premiers éclos.

Manuel admira ce court Normand, dur à la tâche et ne dédaignant le moyen pratique d'assurer le réel de ses beaux scrupules.

Lui-même, ébranlé dans les convictions de

caste, examinait les conséquences probables d'un légitime hymen. Seule des femmes abordées, Louise n'avait-elle pas su produire l'âme sœur, la forme miraculeuse où s'emboîtaient, en exacte harmonie, sa pensée, sa chair.

Et ces rêves prenaient une consistance nouvelle, durable, chaque après-midi de retrouvée à la Maison-Bleue. Les bêtes sauvages ne passaient guère plus. Aux instincts du chasseur, il suffisait de demeurer assis près la fenêtre guettant les rides de l'étang et les balancis des roseaux. Alors, il parlait à l'Amante suspendue dans le hamac et qu'il berçait, ravi du gracieux nonchaloir des prunelles à l'ombre des cils, de l'opale aux mains lassées, des orteils aigus.

Jamais hors les lèvres précieuses ne surgit une sottise en réponse aux abruptes théories où il la voulait introduire ; jamais une sottise de celles si fréquentes et si vaniteusement lâchées par l'imperturbable orgueil des mondaines.

Car la délicatesse native, la simple intelligence de l'hiératique ignorante, dès l'abord avait compris en quelle inanité se trouveraient produites les niaiseries de son existence personnelle, près des hautes conceptions que Manuel aimait offrir. En sorte qu'au seuil de leur union, elle avait pris soin de supprimer les tendances individuelles, de se faire l'âme nette et vacante, propre à communier de la parole de l'amant et à s'en imprégner sans alliage. Les axiomes et les prémices posés par l'éloquence fervente des premières leçons, elle les avait retenus, et savait à point les émettre au cours de la conversation avec une justesse plutôt instinctive que logique qui émerveillait le philosophe.

Au contraire, incapables d'abandonner les frivoles sentiments ni la navrante banalité de leurs opinions de visite qui coupent toute tentative de raison, les mondaines avaient dérouté le mysticisme de Manuel et blessé l'ardent vouloir de symboliser en elles le trésor de son être métaphysique.

Sa mère et Juliette lui devinrent en dégoût pour cette obstination à imposer en dogme de causerie le vulgaire de leurs craintes, de leurs désirs superficiels et convenus, toute leur exigeante fatuité glorifiée par l'imbécile et universelle galanterie. Elles parties aux lointaines villégiatures, il soupirait plus largement avec le pouvoir de suivre en paix le cours de ses intuitions.

En présence de Louise, nulle question oiseuse, nul coq-à-l'âne qui eussent rompu l'élan. Ses propres sensations, naguère imprimées en la féminine mémoire, revenaient à Manuel, nettes répliques du dialogue. Avec lui-même et ses avatars il conversait, inconscient de ce phénomène et croyant à une haute intelligence de l'Aimée, alors que seul l'instinct amoureux faisait, par une magnétique influence, pressentir à l'interlocutrice quelle proposition ressouvenue il fallait servir.

D'ailleurs, les forts effluves passionnels que dégageaient leurs constants désirs et les extases langoureuses les maintenaient en l'immersion d'un spécial arome saturé de leurs fluides volontaires. Ils baignaient dans l'essence constitutive de leurs âmes, émise à profusion par l'énervement amoureux. Et cette immersion, ce bain d'ondes magnétiques, circulant de l'un à l'autre, établit un occulte, un mystérieux commerce entre les esprits, un sens neuf et subtil qui, sans l'aide des autres sens, venait à concevoir les plus secrètes manifestations des intelligences éprises.

Muette étreinte des âmes, qu'ils prolongeaient indéfiniment à la claire transparence des jours de glace, devant la flamme crépitante des fagots.

Quand revinrent Ch'Minteux et Laure, Manuel conseilla d'associer les loisirs. Après quelques réserves, Louise accepta de subir ces fantoches ridicules dont s'égaierait la vie, sans s'y acoquiner autrement. Pour excuser la déchéance consentie de sa liaison avec Laure, elle insinua que la seule joie de rester à Manuel, au fort de ses meilleurs et plus ardents plaisirs de mâle, la poussait à commettre l'inconvenance. Elle fut, les premiers jours des compromissions, la jeune fille grave, qui sourit miséricordieuse aux plaisanteries faciles d'hôtes simples, et se réserve, l'attitude digne d'une majesté vaincue par le destin.

Le vieux veneur emmena plus souvent Manuel, laissant à de vagues causeries de toilettes les deux femmes. Tant humble et bonne se montra la courtisane, qu'on ne put lui garder autre sentiment que gratitude. Pour l'ingénuité et la sagesse de Louise, elle avait des étonnements de jeune épouse au premier-né, des enthousiasmes maternels, des câlineries de grande sœur. Elle l'oignit d'affection, la parfuma de paroles dévotieuses, naïves comme l'humilité de son corps.

A se moquer d'abord, à l'écouter ensuite, Louise apprit le rire folâtre des fillettes. Manuel adora ce nouveau rayonnement de l'Idole. Une bienfaisante chaleur, une expansion de tout l'être lui rasséréna l'âme fatiguée de si grands efforts de passion.

Il y eut détente de lyrisme et d'élan spirituel. Macérée par des mois d'épreuves initiatrices, où leur ardeur s'était contrainte à réaliser dans le symbole des embrassements l'idéal du désir, la chair enfin se redressa victorieuse et puissante.

Ils se laissèrent induire aux fortes gaietés de Ch'Minteux, dont la trogne, l'abdomen et la toison crépue souvent forçaient l'hilarité. Avec un rare sang-froid, il éployait l'hyperbole de ses triomphes, gardant inscrite à sa face bonasse la persuasion que la sottise des auditeurs admirait le génie de sa faconde et l'apparence de sa force.

Sa maîtresse elle-même se gaussait.

Et c'était, durant les heures du soir, le perpétuel, le grotesque monologue d'un mime comique sans outrance et sincère, l'éternelle cabriole de l'esprit surpris, quoi qu'il pût attendre, par l'inouï et l'impromptu de la bêtise humaine devenue, sous cette massive stature de hobereau, fréquentative et protéenne.

Au retour, on suivait les bords du canal illuné. Ch'Minteux, devançant le cortège dans le chemin de halage, tirait les orfraies des vieux chênes, et Manuel s'attardait au bras de Louise à entendre ses lèvres dire de vieilles chansons de guerre conservées par les patois et les traditions, dans les familles des archers picards.

Vers la couronne du Beffroi, vers le lion héraldique de la cime noyant aux rayons lunaires les flottantes armoiries de son oriflamme, le vieux chant rauque montait, adouci et suave, avec la mélancolie des choses qui mémorent le furtif passage des vies des hommes.

De cette sensation tumulaire, il naissait au couple amoureux un intense, un aveugle besoin de confondre leurs chairs dans le sacrifice de génération, sauveur des races. Le rythme divin faisait fermenter le désir sur cette idée de mort. Et, dans la chambrette aux guirlandes d'autel antique, Louise se livrait en chansons, en folles et gaies chansons où dominait la joie, instinctive peut-être, mais sentie, de s'épanouir virtuelle créatrice de races neuves.

L'hymen simple et candide les unissait. Elle fut l'épouse des Temps, connue au bord de la citerne et gagnée par des septennats de labeur pastoral.

Ni lassitude, ni dégoût ne suivait les étreintes; plutôt la saine vigueur de l'œuvre humain accompli.

Ils goûtaient à leurs baisers de franches odeurs de peaux claires ; et le bonheur de se prendre ne s'attrista ni ne se pervertit, à cette prime époque de la chair.

Mais Louise semblait si vivement s'éjouir des propos du gros veneur et de Laure, elle semblait si pleinement revenir à l'intégrale santé de l'organisme sous cette averse de gaietés faciles, que Manuel s'ingénia pour les multiplier. Grâce à la connivence d'une maîtresse dentellière, il fut commode à la fillette de persister une partie de la nuit auprès de lui, sous le prétexte donné à ses parents de veillées travailleuses.

On prit coutume de souper d'huîtres légères et de champagne. La verve du repas accentuait une tendance à feindre une excessive jeunesse d'allures. Des histoires d'étudiantes et de garnisaires pimentaient. Les hôtes partis, Louise entonnant des chansonnettes d'atelier, évoquait le joli prestige d'une accorte grisette, aux sautellements de passereau, aux pépiants bavardages grisés de vin vaporeux.

Manuel l'aima gracile, spécieuse, pétillante et camarade. Leur passion cabriola dans les bleues et roses lueurs de la veilleuse ; les baisers plurent sur les rires des chatouilles. Elle avait repris, avec la simple robe d'hydrargire, le ruban nacarat de sa tresse volante et brusque.

Les soupers acquirent de plus nombreux convives. Cellarion y assista, triste et bienveillant ; Doutrepuich, facétieux et sadique. Ses savants prêches, d'érotisme incendièrent les prunelles siciliennes. Manuel ressentit à nouveau la flagellation des féroces désirs néphrétiques.

Parmi les coupes et l'éclat des louis joués sur la nappe, la brutale humeur des colosses flamands en durs sayons de chasse, se magnifiait jusque l'emblémature de rythmiques barbares poussés par le souffle des mouvements planétaires vers la conquête des délicatesses et des luxes, pour l'imposition de leur semence vigoureuse aux fines formes maures et hispaniques. Dans les yeux verts du Normand accoudé passaient des espaces de mers furieuses, des lueurs de haches éclipsant le lumineux métal des rifles pendus aux murailles ; et ses blanches dents carnivores guidaient irrésistiblement les regards au sang frais des bêtes étalées sur le marbre.

Rendue à leur solitude jumelle, Louise, sérieuse, attirait Manuel à l'aube de ses seins — Hostie vaincue, avec le désespoir d'une ville dévastée et qui aspire à mieux, à plus glorieusement souffrir emmi ses drapeaux d'incendie et l'écroulement des ruines, la fille Berbère se sacrifiait sur la couche amoureuse, désireuse d'un martyre de luxure. Et sa gorge râlait à l'approche de Manuel ; et ses chairs craquaient de la brûlure des jeux passionnés ; et sa bouche hurlait l'horreur des vierges pourfendues, la profanation des sanctuaires par des coutumes inconnues, surnaturelles, propres aux violences barbares que l'Amant offrait à sa folie.

Ils furent les anges de flamme et de glace aux membres stellaires enlacés de par l'harmonie des mondes.

Or la mère de la fillette apprit ces choses. Louise fut recluse.

Mais il alla dans le silence nocturne murmurer sous la fenêtre aimée. Elle tenta des évasions impossibles pour le rejoindre, et descendit par la croisée basse jusque dans ses bras.

Chaque nuit, elle risqua la colère mortelle de son père et la honte d'être vue.

A se sentir aimé ainsi, Manuel conquit d'extraordinaires ardeurs. Les choses lui parurent plus faciles, la vie plus grande, l'air plus mélodieux. Ses conceptions éclatèrent en magnificences. Les ellipses des Causes paradèrent pour son intelligence intérieure.

En ces brèves heures de rapt, quelles violences de conjonctions sensuelles ! Leurs âmes se fondirent dans l'Idée Une, dans le corps un.

Eux-mêmes ne se reconnaissaient, infatigables athlètes dévots au seul devoir de ne se point disjoindre, de ne pas laisser s'éperdre les vibrations de leurs lyres nerveuses.

Selon la parole du poète, leurs os furent revêtus d'un nouveau corps amoureux.

A l'immensité de leur désir, la chair se modifia, se conforma.

Et des miracles s'accomplirent.

Souvent, contre l'effort du regard volontaire et mâle, Louise, lassée brusquement, semblait mourir. Insensible, rigide et statuaire, elle demeurait sourde aux paroles, en pâleur d'ivoire. Selon qu'il la voulait étendre, Manuel pliait, dépliait le triptyque des bras. Droite et nue, fermement linéaire, elle apparaissait, sur le piédestal de la couche, l'idole dépouillée de ses voiles et prête à livrer l'oracle. Suivant la pensée du prêtre, la face hiératique se transformait, éloquente tradition des cultes universels. Elle eut la pose roide de l'Isis égyptiaque, les paupières troussées, les mamelles turgescentes, la main à trois doigts levés en geste d'initiation.

Elle fut le Christ en croix, rosée au flanc, aux

mains, aux pieds ; peut-être sanglante ; les formes féminines effacées, le front ridé sous la griffure des épines de rédemption.

Ou assise, le lotus devinable à ses phalanges pressées, les pieds, le ventre et la tête prêts à s'ouvrir pour couvrir le monde des castes de brahmines, de guerriers, de parias.

Sur les flots de mousselines, équilibrée de l'orteil, les bras agrafant l'aurore aux angles du ciel, la chevelure omnipotente et céruléenne, la peau éblouie du poudroiement astral : Vénus Uranie.

Il l'adora sous toutes les formes religieuses que conçurent les génies de l'humanité.

Parfois, l'idole dans les blanches profondeurs de l'alcôve résistait aux incantations du prêtre. Ses flancs sybillins pantelaient, se dérobant aux effluves dardés par les rites des gestes mâles. La Déesse se refusait à découvrir l'Arcane et la Loi.

Alors Manuel, saisi de fureur bachique, contraignait la forme rebelle. Sur les faibles bras de femme, il entassait les choses pesantes et dures, les vases de marbre, les sièges, les consoles. Aux fins poignets étendus, il suspendait d'énormes poids, sans qu'ils pussent fléchir. Souriante, et moquant cette sotte colère humaine, l'idole ne paraissait en rien connaître. Dans sa forme de fillette gracile, une force inouïe, une vigueur de dieu persistait, élevant ces poids nombreux au souffle calme de la respiration, ainsi que feuilles légères tombées sur le sommeil mystérieux.

L'épingle d'or traversait le sein, sans que parût le sang ou le symptôme d'une douleur.

Le furieux la prenait, l'étreignait, lui tordait les membres à rebours des articulations, liait la tête aux chevilles, la courbait comme un arc, la roulait comme une corde. Rien ne se manifestait que dédaigneux silence d'expression à la face d'ivoire impassible.

Il fallait qu'il revînt aux pures invocations volontaires.

Manuel fut, ces nuits miraculeuses, l'illuminé des religions anciennes gravissant les interminables étages du temple de Bélus, échauffant la statue du dieu de son souffle, de son sang, de sa vie.

Après les étapes d'épreuves douloureuses, où lui-même tombait à de torpides défaillances, il obtint cette révélation de voir le corps harmonique de l'Idole quitter le sol en magnificence d'attitudes. Elle s'éleva par l'air blanc du temple, la figure radieuse comme une Basilique de Pâques. Les mains diaphanes versaient des parfums inouïs, ses yeux s'irradiaient en couchants d'automne ; et une douceur, une ineffable douceur de musiques nombreuses et lointaines rida l'atmosphère odorante, pénétra le prêtre en larmes, tremblant, imprégné de Dieu.

A l'assomption du vivant ostensoir, sa vigueur géniale transfigurée fulgura de toutes gloires.

Mais la faiblesse humaine ne put supporter jusqu'au bout la splendeur du mystère. En terreur de la voir disparaître et se fondre aux essences génératrices des mondes, il se rua vers l'Aimée, l'attira par ses passes, lui souffla au front le réveil, et la reçut vivante, meurtrie, toute froide de sueurs mauvaises.

VIII

LA FORME LUMINEUSE S'OBSCURCIT;
L'ESPRIT ERRE; LA ROUTE BIFURQUE

Les fêtes d'été troublent les corneilles éparses aux entours des campaniles chantant de toutes cloches la liesse des confréries.

Les gymnastes polychromes claironnent par les rues en pavois. Chargées des médailles des concours, les Lyres et les Fanfares défilent sous les arcs de feuillage. Aux durs relents des Abattoirs meuglent les bœufs à primes ornés de bandelettes et laurés d'or.

Parmi la violence des drapeaux et la stridence des cuivres, Louise et Laure déambulent en luxes effroyables pour l'esprit économique des populations. Blanches de céruse et les yeux en lanternes, ainsi que royales trépassées, elles déambulent dans le couloir des foires tendu de toiles violentes où s'imagent les supplices inouïs et la hideur des Enfers. Les fusils détonnent, les glaives sont brandis aux mains des jongleurs, les lions fument à travers les cages emplies de rugissements et d'abois, cependant que tournoient, en gazes vertes et roses, de maigriottes pucelles achalandant les tréteaux dramatiques.

Derrière les amies, au cours de la foule cossue qui luit et salue, Manuel persiste en leur sillage de parfums. Quelles niaiseries, quels espoirs de forfaiture exprime leur volubilité gantée d'hyacinthe. Il redoute les mauvaises rencontres où peut-être mènent les conseils de Laure, cette fille que tous prirent aux heures de désœuvrement, Doutrepuich, Cellarion, les cousins Beauglaive et d'autres, d'autres; les Voyenvau même, sans que pût ou voulût s'apercevoir Ch'Minteux l'équivoque personnage aux ressources inconnues. Il vivait maquignonnant chevaux et chiens, dog-carts et actions de chasse, hectares de bois et parts de fief, d'aucuns prétendaient les femmes.

Patriarche des noceurs, grattant d'illicites profits, toléré plutôt à cause de cette Maison-bleue acquise sur une faillite industrielle, belle chasse proche de la ville, où on aimait sans fatigue se distraire au plaisir préféré.

Mal entretenue par lui, Laure cherchait des louis nécessaires dans l'entourage, familière d'escapades aux garnis d'officiers.

Une déplorable, une indissoluble affection a lié peu à peu les deux filles, d'abord camarades des soupers, des parties; maintenant elles se fournissent les prétextes réciproques de leurs absences.

Sous cette influente amitié, Louise avait quitté sa famille. Les pernicieux loisirs lui pesèrent.

Manuel connut l'ennui des propos vides autour des tables de cafés morts, l'ennui des sombres documents échangés pour la gaieté bête des femmes sur l'inanité de leurs misères et l'inanité de leurs bonheurs. L'existence se fit négative ; le sens d'amour s'émoussa aux identiques redites de la chair. L'intime de la passion ne suffit plus. Ce fut la triste joie obligatoire des soupailles, de petites excursions à la campagne et de repas sur l'herbe. Doutrepuich et Ch'Minteux pourtant ne savaient tarir leur verve de gros buveurs. Elles les aimèrent davantage que Manuel, accusé de vieillir.

Sans qu'il pût alléguer à son inquiétude des raisons déterminantes ou des soupçons justifiables, le philosophe sentait sa maîtresse lui échapper. Il s'attrista, se désola. Elle, au contraire, se ruait vers la multitude des plaisirs immédiats, attribuant au manque de folie la satiété de leurs entrevues.

Elle revint se giter à la première étape de la chair, abusant de puériles attitudes, de parlers enfantins. Elle outra les manières de petite fille, et, fatiguée de sa longue condescendance aux idées de Manuel, aimablement lui imposa le fastidieux souvenir de ses jeunes transes, des histoires d'atelier, des soucis matériels. Puis elle s'ingénia pour paraître la gentille femme d'intérieur en tablier rouge brodé de paysages anglais, et qui s'enorgueillit du brillant des cuivres, de la fraîcheur du bouquet.

Plus loin que ces apparences odieuses, Manuel laborieusement fouillait Louise, afin de rejoindre l'amante d'antan silencieuse et mémorable.

Pour y parvenir, il ne sut d'autre moyen que l'emploi de sa force hypnotique. A présent, devenue le sujet docile au magnétiseur, elle devinait la présence volontaire avant qu'il ouvrît la porte, au moment où, invisible encore, il pénétrait dans la rue. Un regard de lui la faisait tressaillir toute comme l'ormeau frappé de la hache. Et s'il la visait de son œil froid, durci, aiguisé, elle se sauvait, suppliante, criant ne vouloir ces choses. Sa course s'affolait par les détours des pièces et dans l'ombre des corridors. Lui toujours avançait, irradié en effluves de force émis par son cœur battant, ses mains suantes, les yeux aveugles, éblouis de la trépidation magnétique dégagée.

Enfin, rigide et morte, à terre étendue, les mains en croix, elle palpitait à ses passes. Sa bouche éclose en corolle de fuchsia soufflait haleine de paradis et paroles d'amour essentiel. Les bonnes heures, les très bonnes heures, Manuel les reprenait alors avec l'orgueil d'avoir un instant dompté les influences malignes et le décevant caractère.

Plusieurs semaines même, par ces moyens et quelque peu de suggestion, il la reconquit toute à Laure, aux vanités des plaisirs bêtes. La nervosité féminine atteignit le paroxysme du sensible. Elle allait à lui de très loin, inattendue, l'ayant perçu la désirer à d'incroyables distances.

Encore une fois il la possédait sienne, forme de son génie, symbole de sa pensée.

Mais des attaques nerveuses affectèrent la fillette. Souvent il fut difficile de rompre les sommeils somnambules. Ensuite une extrême fatigue l'alitait des jours, pâle et fiévreuse, encline à de lourds sommeils, prompte aux hémorrhagies.

Les médecins enjoignirent de cesser toute manœuvre hypnotique.

Louise se remit rapidement. Saine, elle s'ennuya, retrouva Laure et ces louches promenades de confidences, où, des après-midi, elles disparaissaient.

Manuel se chagrina d'autant qu'aux meilleurs jours de leur renouveau, elle avait révélé cette Laure proxénète, louangeuse avec insistance d'un riche lieutenant.

Selon ses dires, cet homme s'était, pour une forte somme, procuré l'image de Louise chez un photographe de foire dont le boniment les avait réjouies jusqu'à consentir de poser aux lampes électriques.

Ch'Minteux eût encouragé la chute.

Ce lieutenant payeur de parties fines, acheteur de chiens, de chasses, de chevaux, le gros homme l'exploitait.

Une nuit, en leur couche commune, Manuel sentit les larmes de sa maîtresse le brûler. Il l'interrogea. Contre la poitrine mâle elle se blottit sanglotante.

— Ah Manuel, Manuel, sauve-moi, sauve-moi, j'ai peur, j'ai peur de moi-même.

L'âme du philosophe se fendit affreusement. Il conçut l'imminence de la faute, peut-être déjà perpétrée. Maudire, il l'eût voulu ; mais si pitoyable s'offrait la pleurante pécheresse, qu'il ne pût mieux conclure qu'en lui prêtant le réconfort de sa parole.

Qu'elle eût confiance en lui! en sa ferveur. Qu'elle quittât les compagnies insidieuses ; qu'avec lui, elle demeurât perpétuellement. D'ailleurs ils allaient entreprendre un voyage qui les éloignerait des conjonctures funestes.

Dès la diane des casernes, il courut à la banque où la famille toujours voyageuse depuis la brouille collatérale, laissait des sommes à l'usage de l'hoir. Mais on refusa toute avance. L'Ancêtre avait ainsi ordonné, vu l'absorbante liaison qui enlisait Manuel, et croyant, par la pénurie, le contraindre à rompre.

Son inhabile fierté l'empêcha de toute insistance et d'emprunter aux amis. Les viscères tordus, la gorge étouffée par l'angoisse, les paupières ardentes, il vagua.

Enfin, il vendit à un juif sa yole, son cheval, son buggy, ses armes,

L'argent obtenu, il emmena sa maîtresse pour les achats nécessaires au départ. Dans cette ville étrangère, sorte de métropole régionale, ils touchèrent, plus joyeux, aux quelques distractions neuves d'une grande cité.

La modique somme coula très vite.

Toutefois Louise revint nantie de bons projets : le travail serait repris ; elle tenterait d'acquérir une clientèle pour s'établir ensuite maîtresse dentellière. Il fournirait les fonds indispensables au commerce. Le bonheur gagna leur horizon.

Août écrasait le soleil sur les toits, sur les vitres étincelantes ; et les éclaboussures jaillissaient aux bosses des métaux, aux yeux des femmes, aux cimes des feuillures.

Eux-mêmes fléchirent sous cette pression formidable ; et leur courage.

Manuel comprit alors qu'il n'atteindrait pas ce but : la tenir à soi. En ses mains, en ses discours, il la sent fuir comme une eau courante, une onde emportée vers la grande mer des humaines turpitudes, des prostitutions misérables. Et ce n'était point faute à la bonne volonté de Louise. Elle se forçait l'attention à l'entendre dire de sages choses. Mais le cri du rémouleur, un rire de fille, le bruit d'un sabre écorchant la rue, l'attiraient vers la fenêtre, malgré elle, hésitante.

mélancolieuse oiselle en cage aspirant à la libre allure des guinguettes où cliquetaient des chansons de gouges et de soldats.

Quel rhythme de mal s'était sournoisement incarné aux pures formes de canéphore ?

Manuel lutta de toutes forces contre cet élan maléfique. Il eût préféré l'assaillir hostile et cabrée. L'aveu constant de son malaise offert par la franchise de la fillette doublait la douleur. Aux inflexions de sa voix triste, il comprit qu'elle le suppliait de la reprendre, de la tirer du mal de ses instincts, de l'arracher au flot de l'onde perverse et noyante. Parfois cela répétait l'horrible cri de la victime étranglée qui invoque. N'était-il pas, lui, l'assassin de cette vie, de cette pudeur morte, de ce possible bonheur sacrifié à ses appétits lubriques, au caprice de sa virilité. Par sa faute elle irait, au fond des bouges, engraisser, odorante et sinistre.

Et il se conçut impuissant au remède. La juste punition de Dieu voulait irrémissible le Péché.

Pourtant, tenaillé par le remords, il peina, tenta, n'obtint rien.

Lentement il contempla se décomposer en ses bras ce corps de vertu par lui-même inoculé de débauche. Et terriblement, chaque minute, il constata s'accroître son œuvre de mort.

Le rythme maléfique, bien que combattu par ce vigoureux désespoir eut vité terrassé le lutteur novice. Sûr de sa défaite, Manuel cessa la résistance,

Comme de chaudes larmes lui tombaient toujours au cœur, une par une, lourdes, régulières.

Il attendit la FIN.

Par un soir de douleur et de tristesse, dans la chambrette blanche aux guirlandes d'autel antique, Laure entra. A ses forts parfums vacillèrent les flammes des bougies. Muette et ricaneuse, blanche de céruse, royale trépassée en ses moires noires, elle indiquait les bruits de fête au dehors.

Louise se leva vers l'apparition mortelle. Une dernière fois, à l'adresse de Manuel brasillèrent les prunelles siciliennes dans le masque de fard.

— Si vous y tenez, je resterai, fit-elle. Pourtant j'ai promis.

Elle se coiffa d'une vaste auréole de paille écarlate, et prit la main de l'Autre.

Les musiques bondirent aux nues orageuses. Manuel prévit que la FIN était.

— Je ne saurais vous priver d'un plaisir.

Jusque sa voiture qui stationnait en bas, il descendit. Elle, heureuse, l'étreignit :

— Adieu Manuel. Oh je serai bien sage. Reviens vite de la campagne, pas!

Et vers les bourrasques de musiques, les deux femmes s'éloignèrent.

Seul. La voiture vibra sur les durs pavages avec le bruit des armes et le grognement des chiens endormis.

Les fusées d'artifices sillèrent le ciel cave, crachèrent des gerbes de rubis, d'émeraudes. Une grosse caisse sonna parmi les rugissements des fauves.

Puis la campagne opaque ondula, infiniment, vers les moissons astrales.

Quel deuil à son âme découronnée ! Et la déroute par les jardins du rêve dévastés !

Ah la jupe de vif argent qui drape au détour des voûtes de défense !

A la hanche de l'enfant il avait marché par la sente d'amour...

Tant et tant ils avaient effeuillé les corolles de la sente
Tant et tant ils avaient foulé l'herbe de la sente
Qu'il subsistait à la sente, au retour,
    Les seules fleurs d'amertume.

Et tant ils avaient humé le lotus dans la sente
Et tant ils s'étaient énivrés du lotus de la sente
Du lotus qui attache à jamais le voyageur dans la sente
Qu'il leur faudrait cueillir toutes, au retour,
    Les seules fleurs d'amertume.

Ah la robe d'hydrargire qui drape au détour des voûtes de défense !

Manuel revécut, au tangage de la berline, ses douleurs. Douleurs de contemplation, douleurs passives, où n'agit rien de son propre fonds, où seul le drame de la maîtresse déchéante et des féminines peccadilles le navre comme les péripéties d'un drame scénique. Il n'y joue que le rôle de comparse. A peine si le géhenne la blessure d'orgueil constatant la faiblesse de sa volonté qui ne put suffire entière à combler le vide de l'âme chérie. Il ne s'y attarde point, au reste. Un immédiat dégoût chasse l'impression survenue.

Alors la honte de cette passivité le révolte. Encore s'est prise au décor son intelligence titubante, éblouie : au décor par lui-même forgé. Et il s'abîme la vie à combattre contre soi, contre ses illusions voulues, et leurs inéluctables conséquences. C'est, en action, la terrible légende germaine des Chevaliers-frères, se rencontrant au carrefour de la forêt, se pourfendant et ressentant la blessure de tous les coups qu'ils se portent. Lorsque l'aube du réel dissipe les brumes, elle montre au champion son propre corps meurtri, le cadavre de son double passionnel gisant au centre du carrefour.

Manuel se retrempa de résolutions énergiques. Il romprait. Les prétextes de pourvoir à la séparation ne sauraient faillir. Il se l'affirma très haut, ouvrit les glaces de la berline, cria son vœu aux tiédeurs de la nuit, à la majesté des astres témoins, à l'océan des terres placides.

Car il ne laissait pas de se convaincre que la puissante vertu d'un philtre le liait à la fille berbère, et qu'avec elle, il viderait le calice de l'amour, sans perdre une goutte de lie.

En fureur contre sa résignation lâche, il courait dès le lendemain par les plaines au massacre des bêtes.

Dans l'espace illimité, l'être se libéra. La douloureuse colère s'exhala plus largement et soulagea la chair de ses tensions.

Après le chien galopant ses ellipses de quête, Manuel marche, l'arme étreinte en ses mains crispées, heureux de battre la résistance des vents fendus par l'inlassable effort. Une escouade de perdreaux traversant un rais de soleil offre les victimes du sacrifice aux forces destructives qui le tiennent possédé. Par d'ingénieuses parallèles d'attaque il évite la brise traîtresse et dérobe son fumet de rapace au flair prudent des perdrix.

Le pointer aide la tactique.

Tantôt il bondit dans les rèfles veufs de traces giboyeuses, tantôt, la course ralentie, il glisse par secousses de couleuvre entre les tiges hautes des fèves. Leurs circuits les approchent de la proie cachée dans les hautes touffes de luzerne. A l'attente de l'essor, Manuel perd les souvenirs néfastes. La bête chasseresse domine en lui redevenu sauvage guetteur d'oiseaux. Son cœur sonne le tocsin, conviant au souci du butin toutes ses forces efficaces. L'espace se réduit pour la pupille attentive en un point. L'œil chargé de fureur guerrière, la queue battant parmi les touffes, le pointer avance, griffe à griffe. Son corps onduleux rampe.

Soudain il se fixe surpris en une torsion figée, les prunelles vers des odeurs.

Un fétuque se redressa. Une coccinelle atterrit enfin à la corolle de la fleur péniblement escaladée, et joyeuse de cette gloire, entrouvrit ses élytres où le ciel s'irisa en diaprures de prisme.

Au soleil soudain le canon du rifle pétilla de mille étincelles. Une alouette, au zénith, crissola.

Alors Manuel aperçut sous une touffe, groupées en une masse presque indiscernable aux regards, les perdrix qui piétaient. Il laissa les gris volatiles fuir un peu pour qu'ils s'élevassent avant la distance où le plomb viendrait s'épanouir, ample réseau de mort.

Puis, de ses lèvres, gronda. En tumulte d'ailes froissées, en gloussements avertisseurs, en panique les bêtes levèrent. Dans l'immédiate détonation, deux versèrent parmi les flocons de fumée. Déjà unies en ligne, les survivantes rasaient les luzernes indistinctes sous l'horizontale lumineuse des ailes jointes. Une encore culbuta au second coup du rifle. Et la ligne militaire aussitôt resserrée, s'atténua, s'affina, sembla un fil de la Vierge montant la haie des fèves, puis par delà disparu.

Alors Manuel s'obstina pour l'atteindre. Ses pas soucieux du but, persévérèrent vers les flots aigus des labours, vers la fuite des nuages et les pans bleus du ciel. Sa rage rapide à poursuivre délaissa les aiguilles des clochers et les tours des fabriques désignant les vallons. Il enveloppa l'escouade plusieurs fois, la décima lentement, méthodiquement, selon les apparences du soleil et les caprices du vent. Son honneur viril, sa gloire d'animal dominateur le saisirent aux tempes, aux muscles, en volonté de ne point céder aux embûches de la fatigue, de la soif, de la faim. Il importait à la noblesse de la bête régnante que de nombreuses proies fissent un lourd faix à ses épaules victorieuses.

La fuite rousse des lièvres sautant les betteraves mauves et miroitantes, il l'arrêta net de ses feux jumeaux, ou seulement la ralentit pour jouir du chien allongé en flèche, hurlant de joie à forcer l'animal qui râle et tâche sur le brun des éteules et dans les mares de sainfoin, enfin pantèle, crie, roulé sous la dent vorace du pointer acharné.

Au ciel de boudoir que font les pers et violâtres crépuscules, il aima revenir chargé de venaison, le vent aux toiles de sa veste, jouissant de sa vigueur dépensée, savourant, au retour de la giboyeuse prairie, les caresses de l'air et la descente de la nuit.

Les pilastres de la vaste cheminée flambante abritèrent son repos du soir et sa méditation songeuse, résignée, devant le flux fatal des destinées à l'occulte gouffre vers où gravitent les existences, les peines, les travaux et les amours.

Cellarion et Doutrepuich survinrent au château.
Ils ranimèrent la vie.

Leur triple ardeur destructive s'épandit par les champs rasés de toutes moissons. Les limites des propriétés closes arrêtaient seules leur élan. Souventes fois même il les franchirent.

A se voir maîtres sur la matière, le sol et les bêtes, leur orgueil s'exaspéra. Ils se dirent forts, indomptables. Les assauts cliquetèrent dans la salle d'armes ; et leur rut brutal, après les nocturnes ivresses de Porto, les lança à la poursuite des vachères. Grisés d'espace et des fluides nourriciers qu'expire la terre communiant à leurs efforts, ils se trouvèrent empreints des rythmes cycliques de reproduction, de destruction. Les rires niais des paysannes dégrafées s'amollirent sous leurs bras dans l'obscur des granges. Aux possesseurs riverains réclamant des amendes pour le viol de leurs chasses en réserve, ils répondirent par la menace de vertes corrections et de duels.

Les haines alors autour d'eux fermentèrent. Haines d'amants trahis, de chasseurs vexés, de braconniers férocement pourchassés à coups de feu, les nuits de surprise.

Un soir, sorti pour le rendez-vous rustique, Manuel fut salué du fusil aux buissons bordant le chemin. Il riposta dans l'ombre. Au lendemain, le sol montrait des taches sanglantes. Telle se déclara la guerre de ses vassaux espagnols, faces rases, aquilines, à drues tignasses noires et fêtant la ducasse, souvenirs des ducs conquérants, contre les Flamands du village limitrophe, blonds géants républicains, rudes adeptes de braconnage et de saouleries de bière aux jours de kermesse.

Les gars se cognèrent à la sortie des cabarets sous la face attentive de la lune.

Occupé d'ourdir des embûches, Manuel oublia peu à peu le souci de sa rancœur. Dans le tumulte de l'action montait une brève, une fugitive image de prunelles siciliennes brasillant pour d'autres désirs que les siens, de buste de canéphore ôtant ses armures pour l'étreinte d'un autre héros. Ses entrailles alors brûlaient, ses dents se choquaient, ses poings mordaient dans le vide. Mais vite la raison morigénante venait lui dire la sottise de s'attacher à l'amour de leurs êtres plus qu'elle-même ne s'y voulait tenir.

Il abhorrait le rôle de jaloux ridicule allant quérir sa maîtresse parmi des plaisirs évoqués pour d'autres. Elle seule déciderait de l'absence définitive ou du renouveau dans le bercail de leur passion coutumière.

Il préféra l'austère résignation au destin, et dans les aventures de la lutte rustique éperdre les poignants souvenirs du bonheur périmé.

D'ailleurs les amis accaparaient ses soins. La

colossale nature d'Eugène, il l'adora primante et forte, dénuée de sens moral et de susceptibilités vaines. La naïve goujaterie du jeune homme jouant, malgré cela, la désinvolture aimable et sans rancune, se révéla à Manuel, chaque minute, plus pressante et remarquable, au point qu'il s'étonna de l'amitié commune. Il réfléchit alors que l'antagonisme même de leurs tendances les avait l'un à l'autre attirés, par cette force universelle qui aboute les éléments adversaires afin d'établir des équilibres de directions et de vigueurs. Cellarion en somme, bien qu'il fût d'âme plus délicate, lui sembla une personnalité encore inférieure, unie à la sienne par la similitude de leurs bassesses sentimentales. La décevante sensation de se découvrir ému, prêt aux larmes pour la lecture d'un livre sottement pathétique ou d'un récit chauvin, et d'autant plus troublé que l'œuvre s'offre plus défectueuse, Manuel la ressentait souvent. Côté femelle de son caractère. L'intelligence s'y rebellait fort. Le journaliste, au contraire, à toute minute de sa vie, quêtait ces sensations réflexes et se cajolait aux émotions ainsi perçues, heureux de sa larmoyante sensiblerie.

Tandis que Manuel célait en lui le désespoir de sa passion trahie, Cellarion étalait sans décence les sinueuses péripéties de ses relations avec Esther. Il s'attendrissait pour telle expression infantile par elle émise, s'indignait des petites vexations par sa fierté souffertes, s'irritait de ses résistances féminines, de ses coquetteries futiles, avec des anathèmes pour les minimes noirceurs inséparables des tactiques d'amoureuses. Ainsi, sa chienne favorite, il l'appelait Berthe, du nom de la dernière maîtresse sous laquelle Esther avait pâti. Et il mettait l'ampleur d'une vengeance à crier vers cette chienne le nom honni, lorsque passait la dame revêche par les rues de la ville.

Quand le gibier fort ne se laissa plus joindre, l'ennui attrista les grandes salles veuves dont les blêmes fenêtres ruisselaient sous les incessantes averses d'automne. Les défauts des amis grandirent à l'impatience de Manuel obligé de se contraindre pour ne les point reprendre. Le sadisme d'Eugène blessa ses subtilités d'éducation subitement reparues pour se meurtrir aux paroles grivoises. Il se blâmait d'un pareil effarouchement de la morale. Que de fois les plaisantes suppositions du camarade l'avaient réjoui, comme l'étalage de sa science priapique et la brutalité de ses assauts contre les femmes ! Maintenant il ne pouvait souffrir qu'il pinçât les bonnes dans les coins, et le rire gras de ces filles lui secouait les nerfs. D'ailleurs elles se firent insolentes et loquaces.

La réclusion au château supplicia son être écorché par la présence abusive des hôtes. Cellarion le consultait sur les termes des lettres intimes qu'expédiait la miss alors en Angleterre. Il insistait avec l'ardeur stupide d'un lycéen pour savoir si Manuel ne soupçonnait pas un sens caché, une intention maligne dans les paroles écrites, pour qu'il s'extasiât sur telle candeur de propos ou telle ingénuité spirituelle.

Dès lors, choqué par les brutales expressions de l'un, agacé par les niaiseries sentimentales de l'autre, navré intimement de l'abandon de Louise, Manuel se désola.

Il se feignit malade et demeura dans sa chambre. L'eau pleurait aux vitres. La campagne montait dans le ciel comme une mer uniforme par delà le parc et le bois de sapins.

Il appela la mort libératrice, s'abîma dans des spéculations touchant le voile de l'existence ultérieure. Peut-être la volonté subsistante se marierait-elle aux ondes harmoniques des fluides qui régissent la course des Sphères, et serait-ce le bercement délicieux de l'âme contemplative au rythme d'une ellipse stellaire girant par l'Infini. Des langueurs le pâlirent; ses mains perdirent le hâle et s'aiguisèrent; sa figure se creusa. Les chants de la pluie lui sonnèrent de belles mélodies d'orgues qu'il ne se put lasser d'entendre. Les blancheurs des draps l'hallucinèrent en longues extases où passaient des ailes séraphiques, des théories de vierges, et des panoramas de cimetières inouïs, énormes, riches par les basiliques byzantines et gothiques, et la multitude populeuse des tombes.

Comme en sa patrie native, il pénétrait cette nécropole fleurie des symboles de tous les cultes connus. Les cénotaphes des philosophes marquaient les carrefours ; et il y avait de grands papyrus sillés d'écritures démotiques, qui, suspendus, garantissaient de l'éclat lunaire l'argent pur des sépulcres.

Une crypte baya devant ses pas allégés, devant son corps diaphane qui filtrait les douces lueurs de lampes très anciennes. Il reconnut les catacombes des premiers chrétiens, aux croix et aux calices peints sur les couvercles des bières épiscopales. Leurs flancs de verre montraient de somptueuses momies couchées sur les palmes et les nappes d'autel. Il rencontra une table magnifiquement servie dans une salle ronde sans ouverture. Les esclaves couraient en agitant des outres à parfums ; les convives habillés de lin lui offrirent un escabeau de santal. Une femme très belle trônait, qui se leva et parut discourir. Il n'entendit point son langage, mais il sut qu'elle était Marceline, cette prophétesse qui introduisit à Rome l'hérésie des gnostiques. Et alors, aux signes maçonniques échangés par les assistants, il se comprit participer aux agapes de la secte. Les esclaves retroussèrent les guirlandes qui laçaient les sièges aux tables ; et un chœur de jeunes filles chanta : « La chair ne pêche point. Nous sommes de la substance de Dieu, et Dieu ne pêche point. » Quelqu'un dit qu'on allait éteindre les flambeaux ; les femmes commencèrent à découvrir leurs poitrines de neige. Celle de Marceline étincela par-dessus toutes. Manuel conçut la prophétesse identique à Louise. C'était la même femme-Dieu qui par les temps se manifestait. Il se précipita. Mais le sacrifice commençait et la prêtresse offrait le trésor de ses chefs-d'œuvre physiques à la multitude des adeptes accourant communier de cette chair précieuse. Les lumières s'éteignirent sur les hanches nues de la fille maure, entr'ouverte au flot des sectaires et se couvrant les yeux des lys de ses mains.

. . . .

Revenus des plages luxueuses au château, grâce à l'aménité des dames Héricourt, les familiers des fêtes hospitalières réveillèrent Manuel de sa fièvre.

Les malles nombreuses arrivaient de l'île de Whight tatouées de vigoureuses bariolures britanniques. Juliette hâlée, mamelue, forte jeune fille entièrement travestie hors de ses privautés enfantines, l'écarta tout de suite et se renferma dans la franchise d'un shake-hand. L'ironie d'une interrogation sur le bonheur de son frère durant l'été nota une sorte de mépris pour cette maîtresse dont se tourmentait évidemment la famille.

Ensuite, parmi des groupes de jeunes femmes

peu connues dont se toquait Mᵐᵉ Héricourt maigrie, rajeunie, la sœur se retrancha.

Puis elle présenta :

— Mesdames, mon frère Manuel, le plus mauvais garnement qui soit. Mais il réussit très bien le potage aux bisques. C'est son mérite unique.

— Alors nous en mangerons ? Monsieur Vatel... Manuel ? Ah ! pardon...

Une espiègle personne, en révérence dans les froissures de sa traine de brocart blanc, mimait au jeune homme cette contenance perfidement marrie. Lui ne reconnaissait plus ce laiteux visage décoré d'une chevelure aventurine.

— Là, l'étourdi ! j'étais sûre qu'il ne se rappellerait pas, fit Juliette. Je représente : Mᵐᵉ Landelle, Germaine Landelle, notre amie Germaine qui a épousé M. Landelle, le lieutenant de hussards, à cette heure pourchasseur de Kroumirs, pour la plus grande tristesse de sa veuve momentanée.

— Ah ! chère madame !

Il tendit ses mains où s'enfermèrent les doigts frais de Germaine.

A table les pointes de sa mère, de sa sœur, le taquinèrent fort. Sa voisine en brocart blanc les reprenait, demandait avec une insistance comique des explications. Une étoile de brillants culminait sur le casque des cheveux, et les feux du lustre y allumaient des arcs-en-ciel d'artifice.

Quant M. Héricout eût félicité Manuel pour son diplôme de licence obtenu ès lettres philosophiques, elle le plaisanta, requit de son savoir qu'il lui donnât une règle de bonheur, dont l'urgence la pressait.

— Seriez-vous malheureuse?
— Oui.
— Très malheureuse?
— Oui.
— Alors il n'y a que deux remèdes.
— Qui sont?
— Le suicide du corps, ou la passion, ce suicide de l'âme.

Elle rougit. Il vanta le pouvoir hallucinateur de la passion, les paradis quotidiens qu'elle permet de s'ouvrir. La personnalité de l'âme étant morte, on tenait de suite les extases de la foi, la liberté de prétendre à la création dans la forme aimée d'un univers de rêve épuré de toutes contingences nuisibles.

— Mais le rêve ne s'écoule-t-il pas un jour? Le trivial de l'existence ne parvient-il jamais à le vaincre?

— Si on était fort, réellement, cela ne saurait advenir.

— Qui est fort? qui est infaillible?

— L'intelligence théorique. Pratiquement, on pèche toujours, et sans le savoir. Plus tard seulement on arrive, après la catastrophe, à connaître les causes minimes et frivoles qui la préparèrent. Dans la passion il ne faudrait jamais dire, jamais agir sans une profonde expertise des conséquences possibles de cette parole, de cet acte, si futiles qu'ils apparaissent.

— Quelle expérience !

— Vous voilà comme tout le monde nantie des plus détestables opinions à mon égard.

Elle souffleta l'air de son mauve éventail, et prit le bras de Manuel afin de passer au salon. Ses lèvres très étroites disparaissaient complètement sous la morsure aiguë des dents fortes ; ses petits yeux malicieux et métalliques méditaient, immobiles pour la première minute, ce soir.

Manuel persista dans l'odeur de violette émanée de la robe de brocart blanc, de la peau laiteuse. Il s'amusa de la gorge basse palpitant au fond du décolletage, avec des sillons de veinules vertes. Le dos très creux avait des flexions de tige liliale. Oh! les mains velues du gros Landelle, le dur sportsman! Évidemment la frêle créature se cabrait au souvenir de ce mâle.

— N'écoutez pas Manuel, il va vous dire des horreurs, jeta M@{me} Héricourt souriante, procédant avec des bruits de soie aux compliments individuels.

Enchantée de n'avoir point à prendre en garde l'amusement de Germaine, la maîtresse de maison rejoignit le groupes des jeunes filles, corbeille de fleurs babillardes sous la Diane de marbre nu.

— Les pauvrettes. Elles ne savent, par bonheur !

Et Germaine mima une moue de compassion à l'adresse des vierges.

— La détestable opinion s'étend donc à tout notre sexe, Madame ?

Brusquement, elle prétendit :

— Pourquoi ne pas vous marier ? Vous feriez un excellent mari, un mari rare, sachant au moins ce poème d'hymen que vous auriez la prétention d'apprendre.

Puis en fécondes diatribes contre l'indélicatesse des hommes et leur nullité en ce qui touche les relations matrimoniales, elle s'épancha, furieuse vraiment. « Quelle petite mal élevée, » jugea Manuel.

— Mais qui fréquentent donc les jeunes gens au sortir de la maison maternelle, pour arriver tels au seuil du mariage ?

Elle s'emportait presque, en une jolie rapidité de gestes blancs.

— Qui ? qui ? Des chevaux, des palefreniers ; je sais. Et puis encore ?

— Des prêtresses de Vénus ; sauf votre respect, Madame.

— Eh bien ! Vénus est mal servie !

— Le thé ? Avec ou sans crème ?

— Beaucoup de crème, Juliette, ma chérie.

— Beaucoup de rhum, Juliette, ma chérie.

— Oh ! vous, monsieur, vous vous servirez vous-même. Ainsi votre goût sera mieux satisfait... J'ignore ses habitudes... On le voit si peu !

— Petite sœur, si tu continues à empierrer mon jardin...

Le mail attelé de quatre normands éparpilla les pleurnicheries de ses grelots aux brises du lendemain par les rubans crayeux des routes. Ses flancs polis mirèrent la fuite inverse des terres chauves et l'obésité des nuages. On allait voir le simulacre de bataille terminant les manœuvres des corps d'armée sur les territoires de Flandre.

L'escorte des gentlemen poudroyait. Ils écoutaient le clapotis des babillages que les femmes produisaient à l'intérieur de la voiture roulant toutes glaces basses.

A l'approche d'un village blotti dans les cimes éclaircies des hêtres, le piqueur emboucha sa trompe annonciatrice des seigneurs, afin que se garassent les humbles chars rustiques et les flâneries des commères.

Le mail retentit sur le pavage cantonal parmi la déroute des volailles caquetant leurs détresses, et les abois des mâtins. Les fléaux s'arrêtèrent dans les granges, et la poulie du puits cessa de grincer aux mains des servantes.

Sous les porches, les saluantes silhouettes des géants celtes s'inclinèrent.

Passée la rue, le tintamarre des roues choquant les grès ne s'arrêta plus ; et les propos des femmes s'y perdirent.

Alors, entre cavaliers, les brèves conversations s'éveillèrent scandées par le trot des bêtes. Doutrepuich conta ses fortunes d'étalon, et les ruses de ses entreprises. Les yeux bleus du colosse chatoyaient dans les plissures de son rire glabre.

Le Normand riait. M. Héricourt feignait de n'entendre pas, mais la balafre de sa bouche réprima une indécente hilarité.

Manuel évoquait le souvenir de Louise, par une lettre d'elle, au matin reçue, et disant la hâte qu'elle avait de le revoir. La maladie l'avait reprise. Chez sa grand'mère, campagnarde lointaine, elle soignait sa proche guérison.

Manuel résolut de n'y pas répondre, et de marquer ainsi son aversion pour les frasques ridicules. Ce serait une épreuve. Si elle tenait véritablement à lui, l'insistance d'autres messages le déterminerait.

Cependant, à connaître les récits d'Eugène, et la vigueur de son être pressant les côtes du cheval difficile, une grande envie lui fut de manifester sa puissance virile, de soumettre à cette force magnétique et charnelle déjà expérimentée un corps de femme mondaine, d'une personnalité plus aiguë que la simple passion de la fille berbère. Les choses à lui confiées par l'étourderie de Germaine, ces confidences de dégoûts matrimoniaux n'étaient-elles pas l'invite aux tentatives d'un consolateur ? Ainsi le voulut-il penser, dédaignant les sages peurs de sa modestie. Et, dût-il advenir des catastrophes, il essaierait contre cette vertu neuve l'audace d'un assaut brutal. Pour voir.

Toutes les raisons contraires à ce projet, il les élimina par le seul motif de sa volonté telle. D'ailleurs sa réputation trop compromise ne saurait davantage pâtir, et quant aux querelles d'hommes, il ne lui déplairait point de tenter, ailleurs qu'à la salle, sa souplesse d'escrimeur.

Il releva la tête, fier de son attitude morale, visa le feutre brun qui couvrait la tête de Germaine prolixe et gesticulante, enleva son cheval par-dessus la haie du talus et tomba dans un avant-poste de militaires insoucieux, embusqués là.

La plaine se hérissait d'armes, de képis garance, en attente derrière les accidents de terrain et au fond des fossés. Des lignes humaines immobiles ondulaient aux inflexions du sol verdi. Sur une éminence, des canons abrités entre les meules haussaient leurs gueules en batterie. Des estafettes papillonnaient ; et dans le village, enfoui parmi la boulaie d'un val, il devina une multitude grouillante, par delà étendue, que révélaient de solitaires sentinelles ponctuant les confins de l'espace limpide.

Guidé par la tension de dix mille regards épieurs dans le bois en horizon, Manuel comprit que de là devait surgir l'ennemi et piqua sa bête, aussitôt galopante vers les futaies.

Un nouveau talus lui déroba les bataillons dépassés. Sur le plateau, des hussards en vedette, la carabine haute, inspectaient les abords du bois. Leurs dociles montures somnolaient, l'œil vague dans les cuirs du harnachement. Il s'approcha de ces formes paysannes, ennuyées, grotesques sous leur déguisement bleu de roi à gros brandebourgs blancs. Un chef, petit et brun, rappela, par sa moustache cirée et les grâces de son inlassable galopade, les commis des bazars parisiens. A coups de sifflets prompts, autoritaires, il dérangeait de leur apathie les brutes campagnardes aussitôt engourdies dans une nouvelle position. Lui repartait, bride abattue, heureux de sa jugulaire et de ses gourmettes théâtrales.

Soudain il parut à Manuel comme le rampement d'un énorme ophidien glissé du bois sur la droite. Cela montait, descendait, se perdait, noir et mouvant. Afin d'en connaître, il poussa son hunter jusque la butte d'un moulin. L'ophidien lui grossit aussitôt avec une crête de bayonnettes nombreuses. Il découvrit de l'artillerie trottante, et des escadrons désagrégés en pelotons vers le pied du plateau. Sa jumelle lui détailla les hommes progressant par une régularité mécanique. Leur coiffes blanches illuminaient. Plus proches, les cavaliers éclaireurs, en courbe épanouie. Evidemment l'ennemi par une marche imprévue tournait l'armée de défense. Il le dit au petit chef escaladant la butte. L'homme fit valoir ses galons d'un geste habituel, haussa les épaules, puis redescendit.

Cependant l'ophidien enfla ses ondes, déborda sur les prés, gonfla comme une mer, se divisa en une succession de lignes flottantes, qui de face avancèrent, s'espacèrent, s'étendirent, couvrant au loin l'immensité brune des terres immergées. Des meules circonscrites semblèrent voguer sur cet océan humain. Puis les couleurs éclatèrent, les capotes bleues des tirailleurs d'avant-garde. Bientôt Manuel distingua la figure poupine de l'un qui arrachait des fétus aux bottes de froment et les mâchait. Au fond, la mer des soldats s'étageait sous l'ardoise firmamentale.

— Voulez-vous me prêter votre lorgnette, Monsieur?

Il la tendit au petit chef impressionné qui regarda, et, ayant vu, fièrement dégaina son revolver comme s'il eût voulu lui seul avec six cartouches anéantir cette masse lumineuse maintenant de ses innombrables baïonnettes où le soleil, une seconde, vint luire.

Mais le hussard se ravisa, siffla, disparut.

Déjà Manuel réfugié contre le moulin se trouvait au centre d'une batterie franchissant au galop des attelages les revers de la butte. Canons détachés, servants empressés ; le colonel énorme écrasant sa monture de l'abdomen, grognait, hurlait, crachait.

Et d'un coup, au milieu des artilleurs encore inoccupés, attendant l'ordre du feu, un escadron de hussards surgit, sabre au clair.

— Vous êtes prisonnier, mon colonel, lança d'une voix joyeusement triomphatrice un frêle lieutenant gommeux, le monocle vissé à l'œil. Son képi à la main, par honneur, découvrait une calvitie précoce, rayée, pommadée, non sans art.

— Jamais de la vie, n. de D... Mais en campagne avec nos carabines et nos revolvers, vous n'auriez point approché. En voilà...

Le lieutenant protestait de son beau dolman clair. Les soldats, à leurs rangs, tenaient mal les rires.

Un peloton de chamarrures, généraux, aides de camp, arbitres, s'abattit. La grosse discussion s'engagea avec des arguments à l'appui, des citations de technique. Mais le mail gravit le plateau, et sa floraison de jeunes femmes en claires toilettes, jumelles aux yeux, détourna l'attention des officiers aussitôt galantins vers l'impériale où elles se campaient crânes et sveltes.

On conclut vite par la défaite de ce gommeux de lieutenant qui repartit, penaud, furieux.

Cependant la bataille s'accentuait. Des pièces tonnèrent. Le gros colone parada au cliquetis de ses croix nombreuses se choquant sur le trot du cheval écrasé. La fusillade pétilla dans les vallons, floconneuse et multiple.

Manuel ne regardait plus que Germaine, droite, enveloppée des nuées de poudre, en déesse d'Olympe exquisément impérieuse.

Des artilleries défilèrent. Lélian parut qui salua. Et le drag jaune de l'Ancêtre suivit, pomponné de Jeanne, d'Hélène, de Mary Hanser, de Céline.

Les deux impériales échangèrent des courtoisies froides inentendues dans le tumulte de la ferraille guerrière.

Par hasard Lélian eut l'ordre de commander la batterie en cet endroit, et le gros colonel emmena ses hommes.

Parmi ces appareils de bataille, la résolution de Manuel s'affermissait. Il cherchait dans sa mémoire des vaudevilles quelque truc ingénieux qui pût mettre Germaine en ses mains, isolée. D'ailleurs ces femmes de dédain, Jeanne, Mary, Hélène, Céline, ces femmes omises par son absurde modestie lui en voulaient trop, l'ayant fait maudire de sa famille. Par leur rancune il avait subi la dèche, la réclusion à la ville domaniale et au château. Avec de l'argent il eût emmené en Italie Louise et leur heureux amour. Tout cela manqué et la réputation honnie, pour avoir ménagé leur honneur !...

En ce moment même, les haines convergeaient sur lui. Il se trouvait seul. Son père avait suivi Cellarion et Eugène auprès de Lélian. Hélène télégraphiait des choses à Juliette. Jeanne et Mme Héricourt parlaient par-dessus sa tête, avec l'attitude convenue qu'il n'existait pas pour elles. Tant, qu'il crut courtois de faire volter son cheval à l'écart. Aussi pourquoi jouer les Joseph ! Cet ostracisme, où le confinait l'entente des collatéraux, l'exaspéra.

— Alors, c'est vous, Monsieur Manuel, qui par vos exorbitantes aventures, contraignez toute une honorable famille à se travestir moitié en figues, moitié en raisins. Hein ?

Germaine lui parlait, moqueuse et laiteuse. Ses petits yeux électriques caracolèrent.

— Il paraît. En tous cas je m'écarte, car ces gens ont une folle envie de réconciliation cimentée avec le sucre qu'on cassera sur mon dos. Tenez !

Il montra Mme Héricourt versant du champagne à Lélian, qui, droit sur ses étriers, la coupe en main, hurlait aux servants :

— Feu, tas de traînards !

Les canons reculèrent dans l'orage des détonations.

Le tonnerre apaisé, Juliette se pencha de l'impériale :

— Hé, Manuel. Il serait temps que tu ailles à l'auberge voir ce que devient ton fameux potage aux bisques. M. Lélian assure qu'il en a pour deux heures à bombarder ce village, et que rien d'intéressant n'aura lieu pendant ces heures-là. Mère dit qu'on en profitera pour déjeuner.

Apporté froid dans les coffres du drag, le repas, confié à une auberge de la route, y attendait l'ordre de cuisson.

Germaine éclata de rire. Manuel murmura : « Je vous tiens, chère Madame. » Et tout haut, déclara qu'il ne partirait point sans une dame, qu'il lui fallait une dame pour l'aider à son potage, sinon il le manquerait. « Madame Landelle » désignèrent les jeunes filles ravies de remarquer qu'ils causaient encore ensemble. Germaine se défendit mal, rougissante. Manuel la devina fort ennuyée, mais ne défaillit point. A l'objection de la route longue, il prétendit qu'elle montât sur son cheval, à la paysanne, les jambes ballantes. Les jeunes filles applaudirent et prêtèrent leurs plaids pour l'attacher à la selle afin de prévenir les chutes. Et toutes ensemble de chanter, battant la mesure des mains :

> Lisette au marché
> Portait des dindons à vendre...

Ils partirent. Manuel tenait la bride, et pataugeait dans la glaise avec ses éperons. Une dernière fois il enœilla Mary et Jeanne qui le visaient. Celle-là pour celles-ci payerait. Il le jura.

En chemin, il se découvrit penaud, embarrassé de la facile aventure. Remise, la dame en gaîté le taquina sur le mélange de ses mérites culinaires et philosophiques. Il répondit à peine, préoccupé du crime à commettre, des moyens, de l'instant. En pleine campagne, c'était brutal ; et puis la terre humide... Son cœur battait. L'alezan allongea plus ferme ses fines jambes, son encolure libre. Manuel le laissa trottiner pour l'effroi de l'amazone ; lui, courant avec le prétexte de la maintenir d'une main à la taille ; et les doigts de la dame agriffaient son épaule. A crisser des ongles contre la cuirasse du corset, à sentir le frais des phalanges et l'odeur de violette, sa lyre néphrétique chanta. Le sang lui vint bouillir aux tempes. Son imagination pressentit la peau laiteuse dénudée en ses bras. Le chemin creux s'étrécit encore et l'auberge offrit son portail à leur fatigue.

— Il va falloir que je me recoiffe, maintenant ! dit-elle d'une gracieuse moue en ôtant son feutre.

— Et moi que je me brosse.

On les conduisit à l'étage. Manuel se demanda si tous n'entendaient pas le tocsin de son cœur. Elle pénétra dans une chambre. La servante redescendit. Il hésita encore, entrevoyant les cris, le scandale, son père, l'anathème de la famille; enfin se précipita derrière elle avec la sensation de se jeter dans un puits.

— Vous n'avez pas besoin de mon aide?

Germaine se détourna du miroir. Ses petits yeux s'écarquillèrent, marquant une énorme hébétude de cette hardiesse. Il bondit à la porte, tourna la clef, et profitant de l'hésitation ahurie, empoigna la femme, la balança sur le lit mesquin, qui terriblement craqua.

— Lâche! brute! oh la lâche brute!

Étouffée par le traversin, étreinte de cette vigueur folle, elle se soumit, soupirant encore « brute, brute! » jusqu'à ce qu'elle vînt à la pâmoison entière, prise toute, râlant à Manuel qui voyait rouge, sentait le sang.

— Et puis après?

Elle dit cela, très pâle, s'essuyant le visage du mouchoir.

Interdit, Manuel balbutiait de la voir résolue et fière à une minute telle.

Germaine répéta :

— Et puis après? Quoi?

Alors la honte de son action l'étourdit; il se mit à genoux et sanglota.

— Pardon, pardon : je suis à toi, je suis tien à jamais.

Elle le laissa dans ses jupes épandre les serments. Son désespoir d'homme, un désespoir sincère, immense, lui montrait l'infamie irrémissible du crime, la mort seule expiatrice. Un ineffable dégoût de lui le décidait au suicide.

— Est-ce vrai au moins, que vous serez à moi toujours? Dites, Manuel? Donnez votre parole : pas votre parole d'amant, votre parole d'homme.

Le profanateur se releva, et, solennel, jura avec la certitude de lui livrer sa vie.

Germaine à son cou se lia, en baisers.

Le tapage du drag ébranlant les vitres rompit l'extase.

— Ah, je n'aurais jamais cru que ça dût m'arriver ainsi!

Et elle s'apprêta pour le déjeuner.

IX

CARIATIDES DE LUXURE

Les tavernes somptueuses flambent dans la Capitale des Villes vernie d'averses douces. Les papillons lumineux des lampadaires palpitent par dessus la file des voitures à cochers blancs, à cochers bleus. Les groupes de statues symboliques dorent les faîtes des édifices vastes comme des cités. Les parvis brillent sous le marbre des colonnades. Aux artères des rues profondes battent les pulsations d'une foule dégorgée par tous les portails, avec les blêmes faces de ses courtisanes et les livrées sublimes de sa valetaille.

Manuel et Germaine s'arrêtent au seuil de la splendide auberge qui élabore pour leurs gourmandises prochaines les mixtures de ses cuisines. Parmi le clignotement des soleils électriques et le tumulte des crieurs de gazettes annonçant les nouvelles des mondes éloignés, ils contemplent ce Lieu d'attraction centrale où s'efforcent pour la joie des princes, les luxueux génies des artistes et les merveilleuses audaces des charlatans.

Autour d'eux, les formes humaines hâtent leurs Désirs ; les passions repues se pavanent dans la promptitude des carrosses et sur les pourpres des cafés ; et les fleurs penchent aux mains des pauvresses vers la glu des boues noires. Les chaudes salles des tavernes reçoivent d'admirables riches, ardents, à parfaire par leur tâche l'œuvre inconnue insaisissable en son immensité, où peine cette fièvre humaine.

Mais alors la lassitude conçue de cette foule active accablait les amants, devant l'évidence de ne pouvoir jamais atteindre l'heure attendue où se modifiât la dure fatalité. Ils se consolaient par de tendres sourires, au contact de leurs mains nouées, durant l'absence obséquieuse du maître d'hôtel toussant derrière la porte du salon.

Aux gerbes des bougies, aux lueurs des fleurs, aux scintillements des vaisselles, ils retrouvaient bientôt le rire de leurs soifs. Elle croquetait joliment de ses fortes dents les pattes d'écrevisses, et s'ambrait la bouche dans la transparence du vin mousseux.

L'un et l'autre, abandonnant les graves rêves par honte de les savoir irréalisables à leur faiblesse, se vouaient éperdûment à l'heure présente, avec le vil orgueil de se dire des rois de fête pour qui fument les souffles des cités industrieuses. Leur badinage s'attristait de la crainte de tarir. Afin d'esquiver l'opprobre du silence, les deux mangeurs conduisaient leur bavardage aux plus futiles explorations, à la moquerie des beaux parents Landelle qui croyaient ces voyages nécessaires pour des consultations médicales, au blâme de l'usurier qui si chèrement nantissait Manuel des cent louis utiles, à la belle ordonnance de la taverne, aux splendeurs mécaniques de la Ville-Reine.

Car rien au fond d'eux n'était d'intellectuel, de particulièrement notoire, qu'ils pussent louangeusement se confier. Ondine fuyante et lascive, elle le liait par les seules courbes mollissantes de son buste, l'extrême douceur de sa peau laiteuse et l'ironique caracolement de ses yeux électriques, toujours semblant se moquer de la candeur du mâle. A elle il s'attachait ainsi qu'au talisman du mage qui attire et absorbe sans combat; et l'analyse buttait contre cet être sinueux, clos comme l'hermétique suture de sa bouche sans lèvres.

Lacé à l'énigmatique figure, il l'était, et de toute son âme inhabile à connaître le mystère celé dans l'ondoyance du geste. L'attente de découvrir un jour le trésor y enfoui le gardait surtout. Et c'était des affres, lorsque rappelant en quelle façon stupide il l'avait acquise, le doute attaquait sa croyance à l'affection de Germaine. Certaine de la souillure, peut-être avait-elle préféré satisfaire l'orgueil en se feignant amoureuse, plutôt que, par une scandaleuse révolte, déclamer la défaite et le déshonneur. Et Manuel redoutait que les conséquences de sa brutalité initiale ne contraignissent la haine à se farder envers lui d'un simulacre d'amour.

Mais toujours disparaissaient les doutes, lorsque les brèves missives lui annonçaient une liberté possible de quelques jours, un voyage à Paris où il la saurait rejoindre. Pour y réussir, il opéra des merveilles, trouva des prêteurs, inventa des ruses qui déjouèrent les soupçons des Héricourt, des Caribert, de toute la cité flamande espionne de ses actes. Des travaux indispensables à la Bibliothèque Nationale couvrirent la fréquence des excursions. Il obtint de l'or prêté sur la garantie d'un futur héritage. Beaucoup était nécessaire. Il ne voulait pas que Germaine lui accordât ses baisers en d'autres décors que sa chambre obscure aux couleurs d'eau, ou dans l'apothéose des luxes magnifiques.

D'abord assez distantes et comme retenues par pudeur, les invites au voyage bientôt se suivirent. A la connaître désireuse de fréquentes et de longues étapes pour leurs étreintes charnelles, Manuel rassura ses appréhensions.

Blottie sur les coussins du coupé, elle choisissait les plus folâtres lieux de plaisir en but à leur emploi du temps. Primitivement il s'étonna de cette tendance à vouloir frôler les oripeaux des hétaïres en étal dans les marchés à filles, à vouloir, jusque l'extinction des girandoles et l'agonie des orchestres, persister sous les pourpres violentes des théâtres et l'illumination des Edens. Mais au boudoir de restaurant où ils siégeaient vers les premières heures du matin, parmi les chansons montantes des soupeuses voisines à la cloison, et les bouquets du repas nocturne, elle avouait, Germaine, en ses bras étirée et capiteuse d'odeurs fauves, que l'envie de savoir tout le possible de l'amour illicite aussi bien que de l'honnête, ne la pressait que pour s'offrir plus voluptueuse à la soif de son jeune amant. Ainsi, dans la série des maîtresses futures, lui serait-elle indélébile image de donatrice, source unique de délices entières.

Délaçant les soies du corsage et les dentelles sur sa peau laiteuse où la lumière ne pouvait luire, elle bégayait en ses discours coupés des batailles de lèvres, que les illusions d'amour exclusif elle les sacrifiait, que la déclamation sentimentale et les niaiseries des idylles elle les abhorrait, qu'elle tentait seulement d'atteindre les extrêmes extases des orgues nerveuses. Donc qu'ils ne parlassent.

Heureuse se proclamerait-elle, si son ardeur parvenait à leur arracher les râles de triomphes inconnus.

Le lustre baissé, Germaine dégaine ses formes un peu lasses de la trentaine imminente ; et, pour de brûlants sacrifices, elle érige le pâle albâtre de son corps. Par elle-même, sans qu'il eût besoin d'autre évocation que la vue de cette rampante bête de luxure, elle insufflait à Manuel le délire de se fondre à ses flancs stériles. L'énigmatique sourieuse l'enserre dans la houle de ses chairs mouvantes, l'enveloppe, le noie, semble en elle-même le vouloir dissoudre. Quelles tempêtes de neige et de lait sous le nuage de la chevelure aventurine, la foudre des yeux électriques et les rugissements ! L'ondine se love et ploie, et se dérobe, et les dents ensanglantent, et ses griffes durement éperonnent.

Elle-même, elle seule suffit à remplir toutes les étreintes et le total effort de l'âme ; elle-même, par l'unique vertu de sa dynamique de femelle.

L'essor de leurs formes nouées sut atteindre une plastique nouvelle, inespérable. Ils furent les écumes marines s'échevelant à la course du flot, puis rabattues, hoquetantes. Leurs hanches s'étagèrent comme les chaînes du flux ; leurs transports les exaltèrent comme la blancheur bouillante des geysers jaillis, leur lassitude pantela comme le repos du stroom.

Dénués d'autres soucis que d'œuvrer ensemble pour une belle apothéose, leurs membres, tordus au désir de s'affiner en apparences meilleures, abandonnaient la défectueuse posture d'habitude pour atteindre l'élancement des jeunes tiges, les courbes complexes des ondes et des conques. En toute leur passion, Manuel et Germaine tâchèrent à cette gésine de leurs formes ambitieuses.

La voiture les ramenait à l'hôtel sous la blafarde lessive de l'aube pâlissant les colonnades de lampadaires.

Endormie, Manuel la contemplait soucieusement. Sa mécréance à cette étrange affection s'affirmait encore. Il l'appréhendait simple dévoyée, curieuse d'émotions sensuelles, de luxes neufs, de fêtes orgiaques. A lui alors le rôle honteux d'un priape serf de bas désirs. Et ce le navrait d'autant qu'il se savait épris de cette femme si bizarrement conquise, rebelle à ses investigations, close à tous assauts de la dialectique. Vaincu par l'unique talisman de ce corps laiteux, sans qu'aucun sentiment contribuât, il se prenait de rage à s'estimer le pire instrument d'une âme indifférente. Et quelle place au sentiment eût pu laisser d'ailleurs cette merveille aphrodisiaque ?

Puis, le singulier contrat entre eux conclu par sa volonté de femelle rare ! Rien ils ne se reprocheraient. Libres se garderaient. Point ne chercheraient à savoir leurs mystères. Tout lyrisme exclu de leurs propos. Le passé ne serait point interrogé, non plus que le sincère des vœux intimes.

Aussi, quand ils avaient tari les conversations ordinaires, de longs silences les opposaient côte à côte. Tantôt Manuel pleurait cette pénurie du cœur, tantôt il se flattait de ne point entendre de vides babils.

Mais Germaine, insoucieuse, le blessa. Des scrupules de bourgeoise la firent s'inquiéter des dettes que pour leurs voyages il accumulait. Il dut tout lui dire et quel argent coûtaient leurs folies. Saisie du remords une heure, bientôt elle le travestit en badinage, para ces dépenses en preuve d'attachement, et, sournoise, incita l'amour-propre de Manuel à les multiplier. Sans cesse elle vantait les prouesses galantes d'une authentique duchesse alors célèbre dans les gazettes par ses débauches. Manuel crut percevoir qu'elle enviait le rang de la dame, et qu'elle s'imaginait devenir, elle aussi, un peu duchesse, en usant l'aristocratique plaisir de faire la fête avec son amant. A des minutes d'espièglerie elle le moquait pour ses peurs de la compromettre, et livrait sa figure aux fenêtres par bravade des concitoyens, possibles passants du Boulevard.

De ces choses, il souffrit.

Plus encore elle le désolait au nom de Louise sur sa bouche méchante. Son orgueil affectait de ne prendre en nulle considération les rapports de l'amant avec la fille berbère. Insolente, elle lui reprochait la rupture : « Une liaison publique eût détourné le soupçonneux espionnage des familles et garanti l'adultère. »

Lui, sachant les beaux triomphes de son amour métaphysique trop tôt déchu, sentait refleurir la plaie de son cœur nostalgique, quand même, des prunelles siciliennes. Peut-être agonisait-elle, la fillette où il avait mis la complaisance de son imagination. Peut-être offrait-elle à tout soudard venant, — déçue de le jamais revoir, — le trésor de ses hanches, si bel ostensoir de la pensée vigoureuse et géniale.

Si Germaine couronnait ces crises malignes par la dérision du mari, Manuel endurait le martyre. Les délicatesses personnelles, les croyances généreuses, la femme les perçait de sa parole aiguë, les croquait de son rire pervers, les foulait au caracolement de ses yeux électriques. A contraindre sa colère et le besoin de vengeance, il épuisa ses vigueurs entières avec la douleur de l'effort inutile.

Germaine finissait par s'apercevoir. Son regard se fixait avec une extraordinaire expression d'étonnement. Alors elle avait les yeux parleurs, comme Louise implorant d'être arrachée à la malice de ses désirs. Lucide éloquence de ces yeux de femme !

Ils disaient à Manuel comment, pour lui, Germaine sacrifiait l'honneur de sa vie, la pudeur de sa race, la tristesse de sa passion grande, l'immense désir de l'avoir seul à elle, et sa torturante jalousie de toutes femmes passées, de toutes femmes futures ; comment en pure abnégation elle jouait le rôle atroce de la courtisane joyeuse, paace qu'elle croyait ainsi plaire à la jeune gaieté du viveur !

Il y comprenait quels désirs d'amour chaste et retiré pour lui vécus, et quelles douleurs de les abolir, et quelle rancœur de savoir que ce sacrifice même n'arrivait pas à satisfaire les exigences du mâle.

En extrême tentative de conquête, elle livrait la splendeur laiteuse de ses formes tordues d'un appel de volupté, sûre seulement alors de le tenir épris ; — ignorante de son erreur, et trompée jusque vouloir qu'il gardât le silence sur l'audace des aveux où leurs désirs frères se fussent enfin reconnus.

O la douloureuse amante !

Manuel s'affola de passion. Leurs étreintes délirèrent. Aux repas du matin, il lui fallut quitter la table parce que le sang écoulé des morsures amoureuses tachait les nappes sous ses mains.

Revenus au carillon natal, durant les rares et secrètes entrevues dans la maison proche du rempart, les sanglots de leurs cœurs secoués sonnèrent hautement par la chambre aux couleurs d'eau.

En cet amour aussi il enfouissait la peine d'avoir perdu Louise. Car les belles féeries mentales évoquées aux hanches de canéphore, avec elle s'étaient enfuies. Pour Germaine il eût entrepris tous les sacrifices les plus solennels, il le savait ; et la menace d'un beau-frère duelliste jaloux de la jeune femme ne l'intimidait : volontiers il eût pour elle embrassé la mort. Cependant son âme implorait la jupe d'hydrargire évanouie. Des fois, à ses retours, des lettres suppliantes de la fillette l'invoquèrent.

« Au bien-aimé,

« Je ne puis attendre plus longtemps silen-
« cieuse. — Sache dans quels jours de désespoir
« je vis maintenant. Depuis que je ne t'ai vu, un
« an, croirait-on, pèse sur ma vie. Que fais-tu ?
« Es-tu malade ? Es-tu parti ? Personne ne me
« parle de toi. On penserait vraiment que tu n'es
« plus du monde... Tu sais bien comme je
« manque de caractère, et comme facilement je
« me laisse entraîner. Mais quels regrets ensuite !
« O je regrette tout ce que j'ai pu faire et t'en
« demande bien pardon. Si tu voulais encore
« m'aimer un peu, si heureuse serais-je ! Je ne
« te ferais plus de peine, car j'ai appris la Vie...
« Laisse-moi, en toi, soulager mon cœur... Tu te
« trompes si tu crois que je me divertis à ces
« bals, à ces théâtres. Aussitôt arrivée je vois le
« monde et l'assistance, il n'y a personne : tu n'y
« es pas. Je reste cependant malgré mes pleurs

« cachés. Il faut du caractère, me dis-je : oublions.
« O l'impossible chose ! Les nuits passent en
« pleurs au souvenir de tes baisers par ma faute
« perdus... Ma faute ! Oui, ma faute, certes. Misé-
« ricorde !... Mon Dieu, où est le temps de notre
« bonheur et ces coutumières vingt heures de
« nuitée... Je donnerais le reste de ma vie pour
« une année pareille... »

Au bout de la lecture, Manuel ému s'apprêtait à courir porter le baume de son pardon consolateur, à couvrir de ses lèvres les pleureuses prunelles. Mais Cellarion survenu disait quelque nouveau méfait de l'inconstante, et son récit brulait aux entrailles le pauvre amant.

Il résista, ne répondit point. Les amis porteurs d'affreuses nouvelles, et qui le navraient non sans une satisfaction du malheur d'autrui, Manuel ne les voulut plus voir. En compagnie de sa mère, de Juliette, il demeura reclus, préférant les entendre lui meurtrir l'esprit de leurs naïves sottises mondaines. A cheval il se précipita par les plaines, fendit le vent ; puis retrouva au thé de cinq heures la moqueuse figure de Germaine éclairant le salon de sa mère. Avec Juliette il l'accompagnait jusque la porte. Les doigts vifs jouant sur le manche de l'ombrelle, indiquaient pour eux seuls l'heure heureuse du lendemain.

Et la chair laiteuse comblait encore le vide de

l'intelligence, les creux du cœur. Il enfouissait sa douleur de Louise dans le giron de Germaine, toute surprise et contente de l'amoureux acharné. Mais sorti des bras adultères, il guettait, hagard par la nuit fraîche, la jupe de vif argent drapée au détour des voûtes de défense.

Sa famille l'aima davantage, assidu aux repas, obstiné fouilleur de livres. Triste, il plut. Juliette rapprocha ses jupes, lui voulut être confidente, alluma sur la lame de sa figure fine, l'envie de connaître ses histoires de passion. M. Héricourt prédit de beaux avenirs, s'adoucit. Il proposa un voyage de famille en Italie. Manuel n'objecta point, se réservant le refus de la dernière heure. Ce fut une joie familiale.

— Mon fils m'est rendu, dit Mme Héricourt.

On le ouata de tendres soins, qui l'exaspérèrent.

Cependant il tentait en Germaine la transfusion de ses galas intellectuels. La créature altière se rebella. Les yeux électriques caracolèrent. Malicieuse et fuyante, l'ondine se dérobait, agitant le drapeau de ses chairs à la face du sage.

Alors Manuel vécut selon les ténèbres et le deuil des jours. Hors l'ivresse de luxure, il se réveillait en une hébétude, la cervelle veuve de ses miracles, les os rompus. Les neiges poudraient indéfiniment les pinacles et les rues. L'ariette du carillon fut en sourdine. Les propos de la famille clapotèrent à ses oreilles inattentives avec une obsession d'eaux montantes. Il devint maladroit et terne. Les cristaux se brisèrent en ses mains glacées. Il se feignit malade pour éviter la verve des laissez-courre. Tout s'assoupit hors de lui, en lui. Les pensées moururent. Il se désintéressa de la lutte des concepts qui vite quittèrent l'arène logique.

Dans l'attente de l'heure érotique, il restait immobile à suivre les dessins des moquettes. Les forêts chinoises peintes sur un service de porcelaine l'attirèrent. Il se remémora les voyages lus, les décapitations nombreuses sous le triple retroussis des portiques, les sabres de justice mouillés d'eau chaude où saillent les maximes de Confucius. Et les images des suppliciés indifférents, le cou marqué de bétel, écroulées en gerbes de sang.

Or une lettre, conclut le rêve :

« Je suis bien malade, Manuel, et ne puis bou-
« ger du lit. Mon sang s'écoule, entraîne la vie.
« Le médecin attriste ma mère. Si tu veux me
« voir encore, voici le temps. Oublie tout le mal
« que je t'ai pu faire. et viens ce soir à cinq
« heures, pas plus tard. J'espère que tu ne refu-
« seras point. Ne connais-tu pas la maison !
« Entre. Mère à qui j'ai tout confessé (car pour-
« quoi mentir à présent) t'attendra et te guidera.
« Je t'expliquerai mon mal. Toi comme moi en es
« cause. — Louise. »

A l'idée de voir la mère de la créature sacrifiée à ses perversions, le philosophe sentit mourir son courage. Quel châtiment, cette entrevue, et quels reproches à lire dans l'apparition de la figure désolée, veillant l'agonisante fille livrée à la mort par le péché ! La colère de Dieu l'étouffa tout ce même après-midi. De lâches espoirs lui conseillaient de partir, de se refuser à cette suprême prière. Une froide pluie trouait à fracas le linceul des neiges. Les auréoles des corneilles tournaient lamentablement croassantes sur la ville écrasée du catafalque de pierre que faisait l'énorme bâtisse de la cathédrale. Les cloches ululaient pour le repos d'un illustre défunt tous les quarts d'heure.

A cette invite de pénitence, Manuel se rendit. La basilique déserte, immense et blafarde, amplifia le bruit furtif de ses pas. Au Maître-Autel, le Christ de cuivre saignait, qui reçut ses plaintes de repentir ; et le pénitent se souvint qu'en ce jour un prêtre ami confessait. Le sacrement le raffermit, lui effaça la faute, lui donna l'immédiate dignité de comprendre le sacrifice offert. Sans faiblesse, il se résolut à comparaître devant cette Mère, lui humble et respectueux aux reproches. Soulagé par la certitude de l'expiation, il demeura dans la maison du Seigneur jusque le crépuscule. Les murs pâles lui versèrent leur candeur ; les images des martyrs l'encouragèrent contre la souffrance. Le prêtre ami, à ses côtés, pria pour elle, pour eux. Délibérément, il marcha sur les tapis de neige vers la Basse-Ville accroupie autour de son port central où fumaient les chalands ; et gravit la rue abrupte de la demeure aimée.

Ah ! qu'elle revécût au bonheur, l'enfant de rêve ! qu'avec lui elle sût encore parcourir les sentes de douceurs ! O si la mort l'enlevait sans repentir !

Manuel trouva sous le porche la mère de désespoir en attente. Elle ne dit rien, mais, levant sa lampe, le guida jusque l'intérieur de la maison.

— Vous êtes venu plus tôt. Louise repose. A l'heure dite elle se réveillera.

— J'attendrai, madame.

Jadis cette femme avait dû paraître plus belle que sa fille. Les traits maures polis par le malheur gardaient l'allure hautaine des races primitives et libres. En un coin, sous les mousselines du même berceau, de très petits enfants dormaient. Droite, elle montrait ses hanches fécondes de femme biblique, et les feux de ses yeux chauffaient Manuel abattu, sans courage pour la toucher de son regard.

La simplicité du lieu luisant de vieux bahuts flamands, d'attirails de chasse, de meubles surannés et de porcelaines peintes, imposait son seing d'honnêteté à la pénible honte du profanateur. Le silence l'étranglait. Il demanda le nom de la maladie, celui du médecin. La mère prononça le mot de péritonite, puis les larmes lui coulèrent ; elle les étancha, sans de nouvelles paroles. Il offrit de vagues consolations.

— Vous l'avez beaucoup aimée, monsieur. Elle me l'assure. Et vous semblez franc. Ses fautes seules vous ont éloigné.

— Oui, des frivolités l'ont détournée de mes avis. Si elle eût voulu, l'avenir nous demeurait cher ; encore que de solides préjugés m'interdissent de lui donner le bonheur qu'elle eût alors tant mérité.

— Tout cela, elle me l'a conté, et je ne puis vous en vouloir malgré ma première haine de vous.

— Haine bien concevable, madame.

— J'ai tout tenté pour la sauver de votre affection. Un jour j'ai été lasse de la lutte. Ma vie honnête ne m'avait point récompensée. Le malheur mine la conscience. J'ai cru qu'en suivant les impulsions de nature, Louise jouirait d'une existence plus clémente. Erreur, paraît-il ; elle a trouvé dans la faute l'amertume du devoir, avec l'ignominie de la chute.

— Je suis coupable de la faute. Mais son bonheur, je me suis évertué à le lui garantir. Sans doute je n'ai pas eu toute patience...

— Seule la fatalité s'acharne à nous ; cette fatalité qui l'a fait déchoir de votre protection même.

Soudain les sanglots rompirent le discours, les

larmes noyèrent la belle figure maure, et la mère s'affaissa sur une chaise dans le deuil de ses vêtements noirs.

— Ah! qu'il me coûte de parler ainsi, de dire ces choses, et devant vous, monsieur...

— Et moi, madame, qu'il me coûte d'avoir suscité un si grand chagrin.

Les petits s'éveillèrent dans le berceau. L'un cria; la mère le calma, puis elle reprit :

— On vous dit savant, monsieur. Pourriez-vous expliquer l'acharnement du destin à meurtrir toujours les mêmes âmes?

La voix de Loüise appela derrière une cloison. Sortie, puis aussitôt revenue, la mère le conduisit près d'elle, et les laissa.

Dans l'étroite couchette d'enfant, la malade semblait toute petite fille, en beau manteau de cheveux noirs, les pupilles immenses élargies par la fièvre. Les formes disparaissaient au peignoir de mille plis : seule vivait la tête expressive et fixante.

— Oh! merci. Regarde-moi. Donne tes mains. Ne parle pas.

Ils restèrent ainsi, à laisser leur sens spécial, leur sens magnétique renaître, unir leurs chairs, leurs âmes et le plus subtil de leurs natures éprises. Leurs os tremblèrent de joie à cette reconnaissance. La moiteur de leurs mains embauma.

— Je ne sens plus mon mal. Ah! si tu voulais le pardon de ma folie. Car j'étais folle. Je ne me comprends plus à cette heure. Une autre femme, un mauvais esprit, occupait mon corps. Si je ne meurs pas, tu reviendras à moi. Dis oui.

— Oui.

— Me voilà ressuscitée, alors. Pour t'aimer à nouveau, je vaincrai ce mal. Le médecin prétend que notre grand amour me tua. Eh bien, ce sera notre plus grand amour qui me sauvera !

La chère aimée, comme il l'eût, en ses bras, voulu prendre et emporter vers la chambrette aux astragales de plâtre.

Mais par leur sens intime communiaient déjà les âmes.

La mère apparue termina l'extase. Sûr de la guérison rapide et d'un bonheur prochain, Manuel suivit la lampe levée. Il l'affirmait à la mère qui, sur le seuil, supplia :

— Vous seul, monsieur, la pouvez tenir hors la voie mauvaise. Vous m'avez valu tant de mal que je vous demande pour compensation de la recevoir encore à votre amitié. Elle est très bonne. Ses imprudences récentes n'ont pas atteint la faute, je vous le jure. Ici, chaque soir elle rentrait.

— A moins qu'elle ne me quitte elle-même, madame, je ne la quitterai plus ; sur ma parole.

Manuel s'éloigna.

Comme un nouvel hymen s'était conclu par un

sacrifice aux rythmes de joie, avec, pour victime, cette mère frappée par l'injure d'une présence déshonorante devant l'âtre familial. Selon les divines lois d'équilibre, le bonheur ne saurait faillir qui rachèterait cette immense et sainte douleur.

En effet, ils purent y croire encore. Louise reparut virginale et simple. Elle offrit à nouveau sa forme hiératique, splendide décor des féeries métaphysiques. Roi, reine, par-dessus l'inconscience des créatures et la vanité du monde, ils furent toute une semaine sur le pavois d'un amour vigoureux. Leur mutuelle science évoqua du sommeil de mémoire les plus délicieuses heures passées. En ces jours brefs ils revécurent tous les triomphes passionnels dans la liesse des résurrections.

Ce double amant magnifié de son âme complète, la nuit l'amenait aux sauvages rafales d'éréthisme où Germaine le roulait ébloui, aveugle, hurlant les râles de spasmes mortels Les amours parallèles haussèrent son être aux essences sublimes. Le monde apparut à ses yeux hallucinés empreint de la lumière unique, résultante de toutes les couleurs du prisme, de toutes les impressions de l'esprit, de la totale harmonie sensitive. Les paroles des gens, sa chair y répondait sans que l'intelligence en connût, prise à de plus hautaines besognes. Il ne vit plus les couleurs ni les formes; par une habileté de coutume ses sens les devinaient, mais ne les percevaient pas.

Alors le corps défaillit.

Une nuit, Germaine n'avait pu lui ouvrir, des visites s'étant attardées. Il tourna la maison, et d'après l'entente convenue, se dissimula dans une porte de service jusqu'au signal. Le feu des lèvres incarnates, des prunelles siciliennes lui cuisait encore la peau, et sa taille s'affaissait dans l'oubli des fortes étreintes. Couvert du velours de chasse dont il n'avait pu se dévêtir, ces étoffes humides pesaient à sa lassitude, comme la lourdeur du fusil et le butin de la carnassière. Il déposa son arme, ses proies, et dans le bien-être du soulagement temporaire, ses forces cédèrent à la lassitude : il s'endormit, son chien aux pieds.

De douces et fugitives caresses, des caresses odorantes neigèrent à son rêve. Il se crut aux bras de Louise et murmura tout le poème de son cœur. Les douces, les fugitives caresses plurent plus denses. Une odeur de jardin s'essora. On l'embaumait. Les nymphes éperdues de sa mort venaient mettre leurs fraîches bouches sur le corps d'Endymion. Les rives d'un Céphise ombreux fleurissaient de corolles merveilleuses, et les faunes gémissaient sous les bocages où s'emmêlaient leurs toisons. Et ce lui était une très grande volupté que ces belles vierges battant leurs seins durs de gestes de deuil, et scellant son corps immobile de leurs fraîches bouches. Il pensa : Bientôt je ressusciterai et je saisirai par ses tresses blondes cette jeune Aréthuse, je la dépouillerai de sa tunique de gaze, et les faunes riront bien dans les myrtes.

L'éclat d'un rire l'éveilla. Ch'Minteux, tirant sur la laisse de ses chiens, secouait sa panse et sa tête de faune, à le voir tout blanc des pétales de camélias que Germaine semait un par un sur le dormeur : Germaine et ses yeux amoureux, inattentive à l'espion disparu déjà. Manuel jeta ses baisers vers la fenêtre. Bientôt à la gorge laiteuse il contait le beau rêve et le plus bel éveil. Des heures tintèrent. Ils moururent et renaquirent enlacés.

... Un coup de sonnette et le heurt d'un bâton à la porte. Des menaces clamées.

— C'est mon beau-frère, dit-elle. Ah !... il sait... Sauve-toi.

Lui ne voulut. Les coups ébranlaient la porte. Elle dut se traîner à ses genoux, le vêtir elle-même, répétant :

— Pour moi, pour moi, va-t'en. Je t'ai tant sacrifié que tu peux bien au repos de ma vie sacrifier ta vanité d'homme. Va. Monte. J'ordonne.

D'une force imprévue, la femme blanche, transfigurée, grandie, le poussa dans l'escalier des mansardes. Il se trouva sous les combles, son attirail au bras, le chien battant de la queue, levant d'interrogatives pupilles au maître.

En bas on avait ouvert. Une colère mâle querellait. Des portes claquèrent. L'adversaire gravit les plus basses marches de l'escalier.

— Vous êtes une fille, vous dis-je, hurlait-il. Vous êtes une fille. Taisez-vous.

Manuel empoigna son rifle ; la colère lui bouillait aux tempes. Ah, tant pis ! Le malheur s'abattrait. Il tuerait cette brute pour les insultes proférées à Germaine... Ensuite ?... D'ailleurs, nul moyen de fuite. Dans la foudre d'une seconde il prévit la cour d'assises ; elle à ses côtés ; et l'accusateur rouge la flétrissant. Ah, — la fenêtre ! Une distance énorme reculait le talus du rempart haut juste comme la maison. Jamais un saut humain ne franchirait l'intervalle. Mais la voix, comme râlante, de Germaine, l'assaillit :

— Je vous dis qu'il n'y a personne, personne.

Son insistance, les tremblements de ses accents la perdaient.

— Ne mentez pas, ne mentez pas encore : puisqu'il est là, reprit l'adversaire.

La voix folle de sa maîtresse déchira Manuel. Il bondit dans le vide ; l'air une seconde bruissa. Enlevé par le poids de son arme projetée, il agriffa l'extrême bord du talus. Un soupir déchargea l'angoisse de sa gorge.

Mais le chien en terreur de la distance, restait à l'appui de la fenêtre et tentait de geindre. En vain Manuel appela, fit mine de fuir : la bête refusait. Un aboi. Deux abois. D'étage en étage, de vitre en vitre, la lumière du furieux montait ; et quelque chose, le corps de la suppliante, sans doute, pendu à son bras attardait l'ascension.

Un aboi encore. Le chien allait trahir. Manuel le mit en joue : il ne crierait plus. La bête morte pourtant décèlerait aussi bien l'adultère de Germaine. Alors il s'enfuit, hurlant de délire, et déchargea son arme dans les branches des ormes, puis revint courir vers la maison, par la rue, afin d'entendre quelque chose, d'intervenir. Les griffes du chien cliquetèrent sur le pavage. Sauvée, Germaine ! Nulle trace du passage de l'amant.

Manuel saisit le pointer et l'embrassa de toutes ses forces sur les oreilles, dans le poil, partout.

Au lendemain, le docteur appelé près du fiévreux soulève les draps, aperçoit du sang :

— Eh bien, mon garçon, c'est gentil d'aimer les petites filles, mais jusqu'au sang, c'est trop. M. Héricourt, il faut que vous m'emmeniez ce gaillard-là en voyage pour deux ou trois mois, et tout de suite.

L'Ancêtre arrivait. Il ne put se contraindre. Quel scandale ! Ch'Minteux avait vu Manuel et Germaine. Il proclamait cela sur les places. La débauche et l'étourderie de Manuel livraient l'honneur d'une famille à la dérision des plus immondes libertins. Les Landelle pleuraient dans le désespoir. Qu'il partît au moins ; qu'il disparût, cet être dépourvu de la simple délicatesse.

Malles faites, voitures chargées ; en compagnie des parents, de Juliette, Manuel, six heures après, quittait la ville pour des pérégrinations moralisatrices en Italie.

X

LE CLAVIER A DOULEURS

L'impatience du retour ne se modéra point aux spectacles déroulés. Si ne l'avaient retenu, avec l'autorité du père, la politesse obligatoire de ne point abandonner sa mère et sa sœur, dès longtemps il aurait fui les pays italiens.

Vols des pigeons violets et jaunes s'essaimant sur l'azur des Alpes, par-dessus les arcades de Turin descendues jusqu'aux pierrailles du fleuve sec. Claires épousailles de la Vierge, et personnages dogmatiques rompant leurs sceptres dans l'or du soleil fixé par Raphaël sur les toiles de la pinacothèque milanaise. Pesantes grappes de Terre-promise offertes à la soif par les filles de Côme, secouant leurs boucles noires contre les roseurs et les nacres des monts réflétés aux transparences lacustres.

Armures des fresques verdies et durs regards des chevaliers peints dans l'ombre des ogives. Ciel orageux couvant les hideurs d'un prurit de démons éclos au jugement dernier du Giotto signifié dans Padoue, cité aux blanches théories de marbre, aux autels d'or battu. Flammes des rousses chevelures de Vénitiennes tricotant leurs sombres mantes sur les marches de Saint-Marc, cette châsse de joyaux, aux cinq coupoles bleues, et deuil des gondoles murmurant leurs sillages entre les roses murailles à pic. Rumeur de la riche Florence, fraîcheur des rues palatiales, héroïques gestes des statues nombreuses vers les carrioles écarlates, les bouteilles de paille, les majoliques à devises, la colère verdoyante de l'Arno.

Obscène promiscuité des races et des religions d'histoire stratifiées par couches géologiques dans le ventre ouvert de la Rome papale ; passereaux peuplant les ruines des Césars et les ergastules ; immense ruban du Colisée ; empreintes digitales laissées par les martyrs sur la dure roche du Forum moissonné de ses temples, de ses rostres, de ses tribunes. Froids palais de Gênes qui baignent à la mer les fleurs de leurs parcs ; amphithéâtre des demeures guettant aux horizons les retours victorieux des galères :

Mais Germaine ! Mais Louise confiée à Doutrepuich, à Cellarion ! Mais l'impossibilité de recevoir les missives !

Comme par une émulation convenue, Juliette, les Héricourt, s'évertuèrent à lui être aimables, en espoir que leur tendresse affichée saurait éteindre les souvenirs des amoureuses. Amèrement se plaignit Juliette de ses absences habituelles qui la confinaient aux seules conversations des parents, à leurs promenades. Avec lui elle eût aimé chevaucher. Plusieurs de ses amies, insinua-t-elle, eussent fait accueil aux prévenances de Manuel. A cette vie extérieure pourquoi s'obstiner ? Nulle affection ne lui demeurait donc envers ses parents et sa sœur ? Sa famille, la trouvait-il indigne de soins ?

M. Héricourt ensuite l'entreprit, lors des excursions du soir aux sombres ruelles vénitiennes. Lui aussi avait été jeune : il comprenait. Mais Manuel ne pouvait-il s'offrir des maîtresses moins attachantes ? Une jeune femme mariée, une petite fille de bourgeoisie ! Les terribles liaisons ! Sa vie, sa santé, il les gâcherait à ce jeu. Que ne fréquentait-il les actrices ! Ou si la facilité de leurs corps lui répugnait, qu'il se mariât. Les amours par lui requises amenaient tous les ennuis du mariage sans livrer aucune des satisfactions conjugales : la fortune, la paix, un état de vie recommandable, une affection constante et tutélaire. A quoi bon s'abîmer en des avatars fâcheux, illogiques, funestes peut-être. Quel autre jeune homme aussi fou ? Si la persistance de son erreur tenait à une ferme foi dans les mérites de ses maîtresses, cela prouvait simplement une belle naïveté d'âme. Ah! les femmes! Il souhaitait à Manuel de retrouver intactes, après deux mois d'absence, les vertus des amantes!

Et la bouche froide du père se troussait en sardoniques sourires qui pourfendaient ce cœur croyant. Des doutes le navrèrent : Laure, — l'ennemie!

Enfin, le railvay siffla le retour au carillon natal. Enveloppé de ses couvertures, en un coin du sleeping, Manuel feignit le sommeil afin de se mieux recueillir pour la joie des étreintes prochaines. Mais des craintes plutôt le terrifiaient. A mesure que s'égrenaient les stations aux portières, il eût voulu un retard du train, quelque empêchement fortuit qui reculât l'arrivée, la certitude possible de catastrophes. Les plaines crayeuses, les rivières d'huile, les bois chauves, les villes aux couleurs de camphre, les bourgs aux toits rouges, le ciel immuablement vitreux fuirent la monstrueuse mécanique courbant sa course folle sur les rails bleus, dans l'orage des fumées et des souffles. Les disques de sang tournèrent, les fanaux gemmèrent la nuit; des rustres injurièrent le Léviathan; et le beffroi natal leva sa tour par-dessus les remparts rectilignes, sa tour à couronne de prince et le lion héraldique dressé arborant la splendeur de l'oriflamme...

Mort de la maison close, aux fenêtres béantes, et l'écriteau de location qui grince aux rafales :

cela rayait pour toujours l'amour de Germaine, comme le billet laissé à l'amant : « Je compte « sur votre loyauté, Monsieur Manuel Héri-« court, pour ensevelir à jamais la mémoire « d'une erreur terrible que ma vie future d'irré-« prochable épouse ne suffira point à expier. Mon « mari, durant que nous insultions à son honneur « par l'infamie de nos rapports, mon mari tom-« bait sous les balles de l'ennemi, pour la France. « Ce malheur, juste punition de Dieu, m'a reprise « à la honte. Je pars rejoindre le soldat glorieux, « décidée à lui vouer la plus aveugle et la plus « humble affection. Adieu. »

Un rire furieux monta dans le soir brillant. O stupide épilogue, absurde et romanesque missive ! Tant avait-elle attendu pour savoir les vertus de son mari ! Et quel guignon que l'unique blessé peut-être de cette bénigne expédition d'Afrique fût justement Landelle !

La nuit descendit sur le deuil de son cœur.

Au cercle, les nouvellistes n'apprirent rien autre à Manuel. Mme Landelle était partie sitôt connue la blessure du lieutenant. Elle paraissait folle de chagrin.

Comme c'était soir de théâtre, l'espoir d'y rencontrer Louise y mena le jeune homme vide de pensées, et maudissant les conjonctures qui reculaient pour des mois au moins ce triomphe des extases nouvelles. Car, Germaine revenue, sa seule présence d'amant suffirait à la reconquérir, repentante, avouée vaincue par leur passion magnifique.

Il ouvrit la porte de la loge avec douceur, parce que l'opéra épanouissait son duo, au silence attentif des visages alignés.

L'énorme dos de Doutrepuich apparut ; Manuel y allait toucher lorsqu'il remarqua, demeurant dans l'ombre des tentures, qu'Eugène tendait ses yeux humides et ses joues allumées aux secondes loges, vers la place où trônait Louise sourieuse en son masque de céruse, en sa robe de soie safranée. Or de l'éventail elle expédiait le sournois baiser habituel à sa stratégie féminine.

Doutrepuich cilla pour réponse. Une dure flamme mordit Manuel, dont les entrailles brûlées se tordirent affreusement.

Vers toi toujours s'envolera
Mon rêve d'espérance
Le murmure des flots te sera
L'écho de ma souffrance...

En ridicule ironie du hasard, la bouche de Lucie de Lammermoor envoyait ce refrain par-dessus la rampe.

Manuel brusqua l'événement, il avança, bousculant des fauteuils et des tabourets. Louise, la première le vit. Les prunelles siciliennes brasillèrent dans l'auréole de cohl. Après une brève hésitation, elle mima le sourire de bienvenue aussitôt répété par Laure, sa voisine.

— Vous revenez à temps, mon cher, dit Cellarion. Sans moi la vertu de votre dame s'ébréchait.

Eugène se précipitait mains tendues. Fixement Manuel le regarda en glissant ses doigts dans les poches. Les membres du cercle se levèrent pour prévenir l'altercation.

Déjà le parterre chutait. Les gymnasiarques debout hurlèrent : « A bas les Mangeurs de Bon Dieu ! A la porte ! Assez ! »

Manuel ne bougeait. Sa denture, il la sentait grincer, son épiderme blêmir. Un frémissement terrible, inconnu, bouleversait son être, où tout intérieurement s'écroulait avec le glas des artères battantes. Les rangs de loges ondulèrent à sa vue. Les faces vociférantes du parterre lui semblèrent rougir. Le lustre balançait des myriades de lumières prêtes à choir.

Du parterre, on cria : « A bas l'Héricourt ! » Il eut alors la force de pousser ses amis et de se venir poser contre le balcon de la loge, la lorgnette aux yeux pour dévisager les insulteurs.

— A bas la lorgnette !

La foule houla. Le rideau fut baissé dans une trombe de cris et de sifflements. Il obéit à Cellarion qui l'emmenait. De sa place, Louise avait disparu.

Elle vint devant lui, dans l'arrière-salon du pâtissier voisin, où les viveurs venaient boire avec leurs maîtresses aux entr'actes. Il lui tourna le dos.

Puis il s'assit, la considéra, pleurante, malheureuse devant l'ironie de Cellarion. Ah ! l'ostensoir de sa pensée sali à toutes les pollutions !

Immobile, il restait en une hébétude, sur la ruine de la vie passionnelle où tout entier il s'était pris. La sueur à ses tempes, il l'essuyait doucement ; la fine batiste du mouchoir lui était la seule sensation heureuse et consolante. Cellarion emmena la fille qui sanglotait.

— Doutrepuich demande des explications sur votre geste, vint dire Ch'Minteux.

— J'attends ses témoins.

— Et Louise ?

— Tout est fini, maintenant.

Manuel se raidit. Il retrousse ses moustaches, expire longtemps sa grosse angoisse et commande du kümmel.

Le hobereau et Laure se trompent à cette allure. Les voici humant le kümmel, avec maintes plaisanteries...

— Eh bien ! vous savez mon cher, vous faites fort bien de la lâcher. Ce qu'elle vous a fait cocu, oh ! mais, cocu, cocu...

Et le gros homme agite sa toison crépue, s'esclaffe, secoue sa bedaine.

— Cocu, cocu ! répète Laure. Et puis maintenant elle s'enivre.

— Elle a fait la noce avec Albert Voyenvau. Elle s'en est payé du plaisir... et des parties en mail donc... Ah! pour être cocu, vous pouvez dire que vous l'êtes.

Chaque parole tranche la chair de Manuel, lui tord le cœur. Il sort enfin, avec l'impression de piétiner le seul bonheur émietté; et la vie ne lui réservera plus d'autres joies. Les lèvres incarnates, le visage, symbole des religions, sous la flasque ordure du Voyenvau, les hanches de canéphore à l'ignoble érotisme de Doutrepuich ! Nulle purification à de telles souillures !

Qu'il voudrait pourtant connaître les lustrations efficaces !

Donc il va falloir quitter le temple, et les baisers des prunelles cosmiques, et la gorge même, source des esthétiques succulentes ! et le geste, mécanique astrale ! Les Barbares se sont vautrés sur les dalles saintes, ils ont bavé sur l'idole, et leur salive découle au long de ses voiles.

La voici en sa honte.

— Manuel, écoute-moi. Ne nous séparons pas ainsi, je te supplie par notre bonheur d'autrefois.

— Au fait, nous avons à régler des choses. Allons chez vous. Venez aussi, Cellarion.

Il marche devant. Elle n'ose rien dire. Pour la dernière fois il monte les marches amies. Sa clef ouvre la chambre aux guirlandes d'autel antique.

Ressurgie, la flamme atroce brûle sa poitrine,

à constater les récentes traces de la souillure, ces fioles vidées, ces bougies consumées, ces fruits pelés, ces deux coupes à demi-pleines, ces fleurs éparses, ce désordre du festin abandonné. Il évoque les lèvres incarnates en ventouse sur la bouche étrangère, l'Isis dévoilée, et son sexe aux ricanements obscènes des profanes.

— Ecoute, dit-elle, on t'a menti. Je t'aime trop pour te trahir.

— Vous avez choisi un autre amant. Il vous plaît sans doute. Que vous importe notre rupture?

— Mais c'est faux.

— Pourquoi ces mensonges devant cette table pas même desservie?

— J'ai dîné avec Laure, avant le théâtre. Je le jure.

— Et ce baiser à Doutrepuich?

— Il t'était destiné, je t'avais aperçu.

— Mensonge.

— Ah! je suis folle! ne me quitte pas! je t'aime, je t'aime!

— Albert Voyenvau me remplacera, et plus dignement. Voici les bijoux que j'achetai à votre intention pendant mon voyage. Gardez-les en souvenir de quelques heures mutuelles. Et adieu.

— Oh, non, non, ne t'en va pas. Reste, reste encore, au moins pour cette nuit.

Elle rampe à ses genoux, les prunelles noyées, les mains de lys jointes en prière.

— Je te jure que les apparences te trompent.

— Mais puisque je n'ignore rien, vous dis-je. N'êtes-vous pas libre d'ailleurs?

Il lui répète les assertions du hobereau.

Cellarion les confirme, méprisant à la fille qui se traîne, sanglote et se tord.

Manuel songe au beau temple de ce corps où vont se pâmer les brutes qui cracheront leurs râles à cette gorge déclose de ses armures, à ces prunelles allumées de joie pour le triomphe des déprédateurs.

Quelle terrible envie de meurtre ! Détruire à jamais le sanctuaire et le garantir par la mort des profanations futures.

Encore rougissent et s'ensanglantent à ses yeux troublés les astragales de plâtre, le festin, le corps merveilleux secoué de spasmes de douleur, et l'étreinte tiède des bras amoureux à ses genoux. Tout n'est-il pas ruine et fin ! Il brandit la lame légère à sa colère. Mais Cellarion l'enlace, l'enlève jusque la rue.

Ils retournent au cercle. Charlisle Cœuvres les vient joindre dans le petit fumoir où ils se retirèrent.

— Allons, Manuel. Quoi : te voilà tout abattu pour les méchants tours d'une petite fille. Remue-toi, viens tailler un baccarat. Tu sais le proverbe....

— S'il se bat demain, réserve Cellarion, il faut qu'il prenne du repos.

— On ne se battra point. Doutrepuich excuse la colère, les torts étant de son côté....

Manuel se dresse.

— Je ne lui souhaite pas de me rencontrer...

— Il ne veut pas se battre. Voilà... Je pense même qu'il s'abstiendra quelque temps du cercle.

— Oh! je saurais toujours le retrouver.

— A ton aise.

— Moi, dit Héphrem Desormes, je propose de rejoindre à souper Lucie de Lammermoor et le petit travesti qui ressemble tant à Manuel. Ils sont faits pour se connaître. Un clou chasse l'autre.

— Parbleu, fit Manuel, ces dames ne doivent en être encore qu'à la galantine. Partons.

Cellarion s'excusa. Héphrem sanglé d'une lévite gris de lin peignait sa blanche barbe, le chapeau en bataille sur sa belle chevelure neigeuse. Charlisle Cœuvres ôta ses décorations et se mit de leur compagnie. On ne put distraire du whist Usmar Desormes, qui se tourna seulement pour pousser sa tabatière aux côtés de Manuel :

— Vous le disais-je? Ah! le décor! jeune homme, méfiez-vous du décor! Ne soyez pas épars aux apparences des choses!

Un rire de gnôme fendit la face rubiconde et rase, et Usmar Desormes aligna les cartes du mort.

Deux jours, le philosophe s'acharna dans la fête pour l'oubli. En fanfaronnade d'inconstance, il dormit aux flancs de l'actrice aux travestis et supporta sa bruyante vanité de pianiste experte. Bien qu'au physique elle lui fût d'étonnante ressemblance, il ne s'y put acoquiner. Même encolure courte, mêmes lèvres épaisses, même acuité de l'angle facial, même teinte indécise de la chevelure. Cette forme n'eût su devenir le symbole ni le décor du monde mental conçu pourtant sous des emblématures identiques. Il fallait donc qu'une lutte d'antagonismes présidât à la dure besogne de l'essor humain, que la dissemblance des personnes servît à faciliter l'emboîtement des âmes, afin que pût s'objectiver, en la plus faible la plus forte des deux volontés.

Jamais il ne recommencerait ces ans de labeur amoureux, l'œuvre statuaire d'un être jeune à modeler d'influences siennes, de sensations et de raisonnements. Et jamais plus ne s'éploierait pour son esprit le spectacle de la filiale essence animant un corps de femme éprise.

A quand le retour de Germaine ? En celle-ci, les forces génésiques seules se manifestaient, rythmes d'apparence grossière à l'ignorance humaine, mais rythmes de l'âme divine fécondante.

Pour lui, tout va gésir désormais en fadeur.

Ainsi Manuel s'éveille au désespoir funéraire des rêves où il foula les tombes des deux mortes. Sans courage pour patauger sur les ruines des chers sentiments, il demeure au lit. Etape par étape s'évoquent les chemins de croix. A chaque fleur de clarté, le cœur se fend. Lentes et lourdes, elles gouttent dans ses entrailles brûlées, les larmes intérieures du regret. Rien ne refleurira, rien ne ressuscitera ; un vent de dévastation a stérilisé les jardins du temple.

Contre Louise, nulle haine ne le peut soutenir.

Aux perverses suggestions des filles et des viveurs elle a cédé, comme au mirage de l'intelligence mâle.

Selon les habitudes et les mots qu'il lui sait, l'amant dramatise les scènes probables qui amenèrent la chute ; les chutes. Doutrepuich la prit par le rire, lui retira toute force par l'outrecuidance et l'imprévu de ses contes érotiques ; elle tomba lasse et pleurante, meurtrie d'hilarités longues ; et la chemise aux milles plis s'évada du corset délacé ; et la bonne odeur de linge émana pour l'appétit lubrique du Celte, qui se put longuement repaître.

Cruelle évocation qui étrangle et tenaille, et lacère les paupières corrodées par un désir inassouvi de larmes.

Le démon de jalousie se gonfle dans les artères,

dans le cœur, dans la gorge; telle une poire d'angoisse aux ressorts détendus pour la totale douleur des chairs trop étroites.

Le soleil descendit. Le crépuscule orange teinta les fenêtres. La nuit arbora ses paillons bleus.

— Tu es malade, Manuel?

M. Héricourt tristement lui riait.

— Pauvre fils! Dépouillé du décor où tu le plaças, ton esprit se lamente de sa nudité, et ton âme écorchée de sa forme saigne, saigne.

« Les amis chers t'ont trahi. Les chères amoureuses t'ont trahi. Tu es parvenu au premier grade de l'initiation humaine. En ton effort seul mets la confiance désormais; et redoute chacun comme le pire ennemi. La consolation, tu la trouveras si tu serres ta volonté au lieu de l'accrocher à tous les buissons de la route. Concentre ta puissance, et tu connaîtras Dieu, la béatitude du bien. La femme est un être de dispersion, de faiblesse et de mort. Paye-la de ta bourse, plutôt que de la payer de ta vie volontaire. Si riche et si noble que paraisse ta maîtresse elle se réjouira si tu la traites en catin, son titre d'adoption.

« La récompense sera de mépriser; et tu verras quelle ivresse d'orgueil à se sentir meilleur que la canaille universelle! »

Ces paroles touchèrent. Jamais le Père ne s'était si affablement révélé. Il déposa de l'or sur la table, et conseilla : il ne fallait point que Manuel s'avouât vaincu devant le rire des hommes. Qu'il sortît, qu'il fût au cercle, qu'il courût les chasses !

Cette nuit encore, le jeune homme contemple sa douleur. La chambre avait des tentures grises, un lit de soies anciennes aux nuances trépassées et des divans de pourpre sombre. Les fleurages diaphanes des rideaux et leurs plumages d'oiseaux brodés voilaient la perspective du vieux jardin en sapinière. Il pensa rester reclus avec ses paperasses et son houka, et s'imposer le labeur d'écrire les triomphes périmés.

Au matin, il prit ses armes, enfila ses bottes de marais. L'air refroidit son chagrin. Les forges sonnaient, actives au pâle soleil de Mars ; les odeurs de tanneries acidulaient l'atmosphère hyaline. Les rues descendaient aux remparts avec l'inclinaison de leurs faîtes à gradins et les figures des vieilles aux croisées rondes. Devant une chapelle d'Oratoriens, Manuel abandonna au mendiant la garde des armes et des chiens. Il glissa par l'obscur sanctuaire à l'atténuation des bruits extérieurs, à la suavité des parfums ecclésiastiques, au poli des parois de marbre, aux graves génuflexions du prêtre en orfrois devant l'autel. Cette douceur magnifique des apparences le rasséréna. Il put rassembler les lambeaux de son âme éparse aux tortures diverses, et peser des résolutions. Le dégoût des camaraderies l'éloignera des compagnies de fête, de la crapule des viveurs. Ni théâtre donc, ni soupers, ni filles. Tenacement il embrassera l'œuvre politique, et s'évertuera pour ce but : la députation. Toute autre chose lui restera étrangère. Le cercle seul, ce monde de vieillards dignes et gais, gardera son assiduité. La malpropreté humaine deviendra intangible presque, fardée de cette courtoise hypocrisie qu'affichent les ancêtres.

Manuel considérait la prière comme une stratification de la volonté, le schema formulé des fermes desseins. Il prenait vis-à-vis de sa conscience, par le seul fait d'une invocation à l'Essence première, un engagement solennel qu'il lui eût coûté de rompre. Car cette déviation du rythme entrepris eût modifié l'existence entière, jusqu'aux conséquences les plus divergentes que la prudence humaine ne pouvait prévoir. Au seuil d'une vie nouvelle, et pour consacrer l'immutabilité de son vœu, il n'eut garde de faillir à le formuler par la prière.

Il se redressa empreint de la quiétude relative promise par la réussite préconçue de ses plans. Or, Cellarion, Esther défilèrent en son regard, et, côte à côte, s'agenouillèrent devant la nappe de communion. Le spectacle de cette parfaite alliance et des harmonies où ces êtres conjoints allaient vivre, lui ruina sa fermeté. Ce normand trapu, cette frêle saxonne, penchés l'un à l'autre par l'attirance de leurs magnétismes ataviques, relevèrent l'apparat des amours défuntes. La flamme de jalousie lui flamba le cœur. Le démon enfla dans ses chairs étroites. L'attitude mauvaise de Doutrepuich, foulant les décombres de son bonheur, emplit toute la vision. Une rage atroce exaspéra ses membres. Sorti de l'église, il reprit son rifle et marcha droit au marais que parcourait quotidiennemt le traître.

Les influences de mort où peine son courage depuis des jours, ont fini par le prendre en possession. C'est le besoin de supprimer les causes efficientes de la douleur et de détourner vers la mort des choses physiques l'action délétère de son intime nervosité ; car il sent qu'ils lui brisent la vie, les spasmes de son âme sanglottante. L'instinct de conservation l'invite à distraire, par le sacrifice d'une victime équivalente, la menace destructive pour son corps.

Par les ajoncs, il persista jusqu'à la nuit, cherchant aux horizons le profil épais du celte. Nulle raison ne sut parvenir à son entendement. La colère lui ôtait la connaissance des sites et du paysage. L'habitude seule du lieu menait son corps aveugle à travers les étroites sentes chevelues d'herbes aquatiques et sur les passerelles branlantes aux rives. Les troncs des hauts peupliers prirent maintes fois l'aspect de l'ennemi. Maintes fois s'essorèrent les macreuses et les bécassines, maintes fois surnagèrent les flotilles de grèbes sans que tonnât le fusil chargé pour d'autres sacrifices. Les chiens étonnés aboyèrent au chasseur, en gros reproches de leurs labeurs inutiles. Ils finirent par se lasser de la vaine besogne d'épouvante et, lamentablement, suivirent les complexes circuits de la marche. En haut, les corneilles tournoyaient en croassements de funérailles.

Manuel rentra tardif et sombre, remettant au lendemain l'exécution.

Son père le contraignit à s'habiller et à paraître au cercle. Les conversations l'assaillirent. Avec un empressement d'odieuse compassion, vers lui s'évertuaient les gens, fiers de le connaître vaincu et ridicule. On le plaignit; des détails encore ignorés, mais plus durs à entendre, lui confirmèrent l'ignominie de sa maîtresse conquise par le gros luxe d'Albert Voyenvau et la brutale goinfrerie de Doutrepuich. Tant ils lui abîmèrent sa blessure, qu'il pensa pleurer. Et, afin d'esquiver les tourments, d'avoir prétexte au silence, il gagna la table de jeu où Charlisle Cœuvres tenait la banque en apparat d'habit barbeau et de brochettes honorifiques.

Les buissons de bougies arrosaient d'orange la verte arène où les louis et les jetons de nacre chatoyaient sur les bleuâtres vélins de la Banque. Les plastrons blancs des pontes et les émaillures des tabatières projetaient des paraboles de lueurs. Manuel vida son or sur le tapis, et commença de manipuler machinalement les cartes. En dérision du sort, il abattit neuf deux fois à l'aide du cœur. Mais il perdit ses mises par trèfle et carreau couleurs autrefois favorables, et ne regagna qu'aux traverses de pique, amenées par cartes d'équilibre et de nombres pairs.

Contre un nouvel abatage par les cœurs en série, Charliste Cœuvres leva la banque.

Les murmures alors de courir autour du tapis. On vanta cette vieille sagesse des nations si moquée. Manuel comptait son gain, un petit tas d'or et de vignettes bleues poussé par le râteau de palissandre vers ses mains insoucieuses.

A sentir glisser les louis contre la peau de ses gants, un frémissement secoua sa verve, longtemps perdue, de passionné joueur. Les forces abattues ressurgirent. Il sortit de l'hébétude où le tenait hypnotisé sa rancune. La rage de détruire et de vaincre l'incitait à combattre la fortune adverse et à ruiner les gens moqueurs à sa peine.

La banque achetée par lui, certains vieux pontes désertèrent le jeu en grommelant, ce qui l'assura de la veine. Il battit les cartons en pluie, avec sa virtuosité de la bonne époque, et les sema devant chaque plastron.

Or, l'image de Germaine pleurant leur liaison

aux bras du mari, l'image de Louise riant nue dans l'étreinte d'autrui, se reculèrent. Aussitôt lui vint la fréquente émotion d'attendre quels signes cachait le dos blanc des cartes. Les dames fleuries sourirent aux mains des pontes. Les spectres et les glaives des rois se dressèrent en menace de rapines. Les couleurs se massèrent par escouades stratégiques, embusquées d'abord, puis se démasquant à la seconde propice, armées de valeurs infrangibles, et décidant par leurs vertus le sort des antagonistes.

Manuel paya. Les plus beaux coups lui faillirent par trèfle et carreau, couleurs décidément hostiles et passées à l'ennemi. Les cœurs restèrent au talon ; les piques fournirent d'abominables bûches. Le gain repassa les tableaux.

Les pertes se multiplièrent. Il s'obstina.

De coutume, en cas de malchance continue, il abandonnait le jeu quelques heures ou quelques jours sur cette persuasion que la loi d'équilibre préside aux alternances des phénomènes. La série des chances contraires écoulées, le gain devait revenir à la couleur favorite.

Mais en cette conjoncture il dénia toute prudence. L'énormité de sa double infortune lui paraissait un défi du hasard, une sorte d'attaque à tous ses calculs, à toutes ses croyances. Il sentait sur lui la haine de Dieu. A quoi bon tenter la ruse contre les influences inconnaissables des

Causes. Mieux vaut dès lors épuiser toute la série des malheurs et lasser par la persistance de la lutte la contradiction des Rythmes.

Il se posa en ironique adversaire du Hasard, moquant cette force grandiose et céleste acharnée contre sa faiblesse humaine. Et bravement, tel Jacob contre l'ange, il engagea la guerre.

Chaque soir il fut à l'arène du tapis vert, apportant au Cheroub le cartel. Il l'imaginait comme une immense courbe lumineuse, aux belles formes d'hermaphrodite, animant dans l'ellipse de son vol à travers l'éther universel, quantité d'astres ennemis, et particulièrement la planète Saturne dont les influences funèbres lui avaient toujours été contraires, ainsi que le jour de samedi consacré par les anciens hiérophantes de Chaldée au culte de cette étoile.

Son être s'enorgueillit de la lutte héroïque contre l'inconnaissable des causes, le Hasard. Par l'amour, il s'était façonné l'âme de tous les concepts jusqu'alors virtuels dans ses lobes cérébraux; ce miracle de sa volonté jaillissant par efforts inouïs, avait hâté la gésine de ses embryons sensitifs. En une forme choisie, harmonieusement semblable et différente, il avait réuni les indices de sa conscience ; et l'amant objectivé s'était créé de toutes pièces dans la forme de l'amante. Ainsi, devenu volonté attractive et consciente de ses vigueurs, l'homme maintenant, attaquait les phénomènes supérieurs à ses sens, et tentait, par l'embrassement d'une étreinte sublime de les soumettre à ses facultés de conception. Les directrices inconnues qui régissent les lois naturelles, les raisons surérogatoires des mélodies cosmiques, l'intangible motif du mouvement céleste, l'essence occulte, voilà l'adversaire qu'il assumait de connaître et de terrasser.

Le jour le lançait en sa haine d'amant à la poursuite de Doutrepuich ; la nuit le ramenait à la table de baccarat, et toutes les rancœurs fermentées en son intelligence durant la chasse, il les détournait pour une rageuse obstination de vaincre le hasard.

Si, par moments, la fatigue prenait son esprit tendu à saisir les rapports des phénomènes se succédant sur le tapis vert, il évoquait telle abjecte circonstance de la trahison, telle minute unique de l'amour enfui ; et la douleur atroce que lui valait le souvenir faisait rebondir son imagination lassée. Bientôt, il eût catalogué en la mémoire, et rangé comme les touches d'un clavecin, suivant leur gradation d'intensité douloureuse, les différents épisodes de l'épopée passionnelle ; et, selon qu'il fallait une plus ou moins grande élasticité d'esprit, il frappait sur le clavier à douleurs la note d'évocation sinistre. Ainsi, cruellement éperonnée, l'imagination s'efforçait de bondir aux plus larges synthèses d'harmonie, où l'âme parvenue se pâmait.

Devant la dérision de ces pontes blêmis par l'usure de la vie quotidienne, parmi ce luxe de joyaux, de fleurs et de feux, Manuel fut, ces temps, le mystique en extase sur la montagne. Des chairs de lait perdues, des hanches de canéphore perdues, et de toutes beautés perdues, il tressa la couronne d'épines à sa tête.

Et sa tête pensa la beauté plus belle encore du Chéroub.

Du corsage aimé, pour d'autres délacé, des seins succulents aux succions des lèvres étrangères, et des chevelures d'amante aux mains étrangères; il tissa un cilice pour ses flancs.

Et ses flancs palpitèrent de l'ardeur de courir à la beauté plus belle du Chéroub.

Des prunelles siciliennes pour d'autres révulsées, des yeux électriques en pleurs au regret de l'avoir aimé, des mains de lis couvrant le sexe profané, de la bouche sans lèvres baisant la plaie du soldat, il forgea sept glaives pour son cœur.

Et son cœur battit de connaître la beauté plus belle du Chéroub.

Il sut la félicité de souffrir, ce mystérieux don des élus.

Plus encore s'accrut la vertu du clavier de douleurs, quand l'eut repris la supplication quotidienne de Louise.

A la sortie matinale du cercle, il la trouvait endormie dans sa mante sous le porche. Une nuit de neige, des gémissements qui lui parvinrent la décelèrent sur la place déserte, agenouillée devant les croisées de sa chambre. La robe d'hydrargire drapa dans les ajoncs des marais, quand il chassait. Des prunelles siciliennes brasillèrent à tous les angles des rues, et la plainte perverse se mêla à tous les chants du carillon : « ... Tu m'as tant aimée que tu seras forcé de m'aimer encore... Viens au moins une fois me dire adieu; je ne te retiendrai pas, je le jure... Ne m'en veuille pas si je te parle... J'espère toujours que tu reviendras une fois... Demain j'irai encore t'attendre au petit pont, notre petit pont des bonnes rencontres... »

XI

LA LUTTE CONTRE L'ANGE

Il retourna au petit pont. Il retrouva la chambre aux astragales de plâtre. Il déplia encore le triptyque de l'Idole sur la couche amoureuse.

Afin qu'elle ne fût plus à d'autres, et qu'il ne la sût plus à d'autres.

Mais les lis des mains à son front le couronnèrent de plus dures épines; mais les hanches de canéphore à son corps le ceignirent d'un plus dur cilice; mais la langue plus savante, les deux yeux plus brûlants, les deux seins plus succulents, les deux lèvres plus cupides, lui creusèrent au cœur sept blessures plus profondes.

Car la bave des baisers de trahison avait empoisonné l'âme, avilie aux souillures laissées par les passants.

Le masque de céruse lui mentit à la face, et il s'humilia d'abord jusque le croire. Ensuite la force du mâle s'exaspéra dans la colère. La sûre maïeutique du philosophe pressa la fille d'interrogatoires subtils, mit le mensonge en acculs et para les feintes de la parole trompeuse. Quelle source nouvelle de douleurs indicibles et quelle géhenne inouïe que de confesser cette bouche adorée sur l'ordure des turpitudes! Manuel se tortura dans l'enfer évoqué. D'elle-même il sut le nombre des baisers offerts par ses lèvres aux priapes de rencontre, et l'horreur de ses jupes troussées aux besoins des viveurs, et quels propos de leurs hautaines amours profanées aux rires lubriques. Meurtrie par ses anathèmes, Louise, en attitude de cadavre, recevait les menaces sans autre défense que de vaines larmes. Lui, poussa plus avant l'inquisition, avec le fol espoir qu'elle se récrierait sincèrement, en une franchise heureuse contre le réquisitoire d'infamie. D'abord elle résista, puis mollit, se coupa, finit en un flot de pleurs par dire toute sa corruption. Manuel haletait. Le feu de jalousie lui flambait les entrailles. L'angoisse étouffante lui gonflait les viscères, les veines, les chairs étroites. Il sembla que son corps s'allait rompre et rendre libre enfin des tortures humaines l'âme saine, oublieuse, ressuscitée.

Plein d'épouvante, il se sauve. L'ignominie de son commerce avec cette fille, à chaque seconde l'étrangle. Mais, au lendemain, il retourne à sa vomissure, avec la superficielle excuse que des gens ennemis ont usé d'un indigne leurre envers Louise. Ch'Minteux, en effet, pour qu'elle devint proie facile aux viveurs amis, lui avait soutenu que le départ de Manuel cachait une détermination de rompre : et d'ailleurs, une mondaine bien autrement captivante que la fille berbère le tenait asservi. De désespoir, elle s'était ruée à la débauche, espérant la consolation dans l'ivresse du rut, comme d'autres dans l'ivresse du vin.

Il retourne donc chaque matin après le jeu, chaque vesprée après le repas de famille, et chaque soir jusque l'heure du baccarat. Au corps déchu, au masque de céruse, à la bestiale et silencieuse étreinte de la pécheresse, son mysticisme altéré de douleurs puise l'exaltation nécessaire pour la lutte contre l'ange. La hideur de son vice et les affres des confessions obtenues sont une infaillible géhenne pour tirer de son intelligence l'éveil de sciences muettes latentes sous la somnolence coutumière. Même les extases de l'éréthisme amoureux atteignirent une magnificence jusqu'alors inéprouvée. Et les délices de la chair s'exaltèrent des plaies de l'âme.

Manuel s'aperçut qu'il abordait le seuil d'un amour neuf, non moins durable qu'immonde et sadique. A cette emblémature de fille maladive, son âme adhérait d'autant mieux que la fournaise des douleurs devenait plus ardente. Tel l'épiderme se colle au fer rouge.

Il tenta de s'arracher violemment. Il entreprit un voyage. Le troisième jour il travestissait à lui-même la soif de revoir Louise sous ce spécieux raisonnement : Sans doute un amant de passage avait reçu accueil dans la couche de la perverse fille ; lui, reviendrait brusquement et le spectacle hideux de cette prostitution le guérirait.

Trop tôt rendu à l'ariette du carillon natal, il gagna le cercle afin d'attendre l'heure propice à la surprise.

Il s'assit au jeu. Les cartes brillèrent à ses doigts. Bientôt il haleta de la lutte commencée. Les chances adverses l'étreignirent ; cœur et trèfle. Pourquoi le cœur passait-il à l'ennemi ? Il ponta formidablement sur les piques, sa couleur de faveur. La forme aiguë de dague qu'offraient les signes, semblait complémentaire de son âme si combattante. Le sort le récompensa de suivre cette affinité et le râteau poussa vers lui les lueurs des enjeux. Il tenta sur les autres couleurs, et fut aussitôt terrassé par la malchance. Il saigna son or. Mais les coups les plus hasardeux réussissaient sur le signe de pique, et bientôt, comme il s'astreignait à servir cette couleur, les vignettes bleues de la banque s'accumulèrent devant lui. Plusieurs fois il recommença l'expérience. Hors le pique, tous les signes le trompèrent. Cinq fois la banque abattit neuf par trèfle alors qu'il tenait huit. Il connut l'extrême émotion, l'émotion double : de vibrer d'abord de tous les nerfs à l'approche d'un gain presque sûr, quand l'or semblait lui luire en trophée de la lutte contre l'ange du Sort ; et puis cette autre plus prenante encore : l'attente de la carte levée au revers, puis abattue contraire, avec l'angoisse de la défaite, la sueur qui goutte aux tempes, et le décor du tapis, des jetons, des pontes ondulant devant l'être ébloui, transfiguré par l'inattendu et le divin de la victoire adverse.

C'était la secousse violente de toutes les convictions, l'éboulement perpétuel de la raison tombant sans fin dans l'abîme de l'inconnu, parmi l'impression d'un vide suprême, d'une mort douce étirant du corps la charge pesante des viscères et des os. Aux coups du gain, les orgues néphrétiques chantaient des triomphes, exaltaient le joueur, le mettaient au pavois par-dessus les malices unanimes du hasard, lui faisaient l'ovation des couleurs étalées, et le béatifiaient d'une auréole d'or. Et lorsque tournait la chance, c'était un repos de l'esprit heureux que tout se perdît enfin : rien n'était plus à tenter ; il ne restait plus à penser, puisque toute effort heurtait contre la muraille infrangible du sort, et s'émiettait au bas. Le joueur se faisait fakir au bord de la route, le bras tendu pour des âges, attendant la chute du ciel avec l'orgueil de la savoir et de la mépriser.

Or, à volonté, Manuel se put offrir ces paroxysmes de sensations antagonistes. L'alliance étrange des piques soutenait sa valeur dans le combat de l'Infini.

Alors il songea. Ces cartes, maintenant insignifiantes, apportées en Europe par les gitanes anciens, seraient-elles vraiment les images altérées des tarots d'Orient, feuilles éparses de ce fameux livre de Thot, hiéroglyphique manuscrit des races primitives, précieux legs des prêtres chaldéens qui y consignèrent les observations de cinq mille ans de sagesse et d'études humaines. En ces figures différentes, ils auraient inscrit les théorèmes d'une géométrie universelle, d'une sorte de mathématique des rythmes essentiels d'où procèdent les lois cosmiques qui régissent les transformations des planètes et la vie des créatures. Récrites en des lames d'or, nommées téraphims, elles servaient aux lévites de Sion pour interroger Jod-hévau-hé, le père qu'on ne nomme pas, sur le destin de la race élue. Aux jours des fêtes religieuses, le grand-prêtre pénétrant dans le saint des saints étalait l'éphod, le manteau sacré qui représentait en lui-même toutes les vertus du temple de Salomon. Entre les agrafes de l'éphod, simulacres des deux colonnes fondamentales, Jakin et Bohas, le Passif et l'Actif principes de toutes choses, l'officiant jetait au hasard les téraphims ; et, selon les conjonctions des figures aux agrafes, il interprétait le Sort.

Manuel gardait une dévotion aux vieux cultes cosmiques des races mères. Une très extraordinaire civilisation, croyait-il, avait fleuri dans les temps préhistoriques. Des hommes doués de toutes les sciences acquises par une centaine de générations successives, s'étaient pourvus d'un extraordinaire pouvoir maître des forces élémentaires. Ce pouvoir, jalousement retenu par les collèges des prêtres, dispensait la vie et la mort, la création et la destruction, le transport rapide des forces, et les puissances d'une mécanique naturelle énorme en ses effets. Sans doute des femmes de basse origine séduisirent ces prêtres ; elles surent le secret ; elles le promulguèrent aux plèbes qui s'en servirent inconsidérément. L'inexpérience causa un énorme cataclysme où disparut avec la race tout vestige de son existence. Le symbole du paradis terrestre écrit dans la genèse, accrédite cette supposition : l'Ève cueillant le fruit de la science du bien et du mal et, par là, infligeant à l'homme la perte du bonheur. Saint Augustin aussi narre les anges qui se corrompirent aux filles des hommes.

Néanmoins quelques-uns des principes merveilleux durent subsister après l'anéantissement de ce peuple. Et le livre de Thot semblait offrir un des rituels de cette religion primitive toute scientifique et pratique.

Remontant aux simples tarots des gypsies, Manuel se rappelait certaines observations faites par lui lors de sa vie nomade en compagnie de la clownesse. Les vieilles lui avaient appris que les coupes ou les cœurs marqués sur les cartes indiquaient l'intelligence aimante et féconde ; les épées ou piques, l'intelligence militante et progressive ; les bâtons ou trèfles, emblèmes du sceptre magique, l'intelligence puissante et créatrice ; les deniers ou carreaux, l'âme du monde, le mouvement des causes. Selon la faculté intellectuelle développée chez le consultant, il ne manquait point, disaient-elles, de choisir, par une sorte d'attraction mystérieuse et infaillible, les signes correspondants à son état mental. Et cela constituait le principe de leur divination. Au cas présent, ces fables se justifièrent. Le gain constant sur les piques, la neutralité plutôt des cœurs corroboraient les luttes de son âme reprise par la fille berbère. En outre, la fatigue de l'esprit abîmé à de si rudes combats l'empêchait des facultés créatrices, et des contemplations savantes : hostilité des trèfles et des carreaux.

Il agit d'après ces découvertes, et le gain persévéra. La superstition naquit au joueur. Il se dit vainqueur du Chéroub, de l'inconnaissable hasard ; et la joie du triomphe effaça quelque temps les cauchemars de la jalousie.

Une heure tinta qui lui remit le drame à l'imagination. La certitude de surprendre la traîtrise de sa maîtresse le tortionna. Ses dents claquaient plus haut que l'averse clapotant dans les rues et sur les toits.

vant la porte il s'aperçut en frac, sans paletot ni parapluie. L'eau dégouttait de ses hardes. Pourtant il entra, la canne haute... Louise, endormie sur un livre, sursauta et accourut l'étreindre.

Des carreaux de dentellière chargeaient une longue table de la pièce voisine. Elle avait réuni des ouvrières, obtenu des commandes. Le travail relèverait.

Il se désista de croire que les choses le sépareraient un jour de sa maîtresse. Des temps, le supplice se prolongerait usant son âme et son corps en galops éternels dans le cirque des mauvais souvenirs. Maintenant il se connaissait incapable de résistance aux prières de la fille quand elle le voulait prendre. Pour que la rupture se confirmât, il eût fallu que Louise n'essayât aucune démarche de retour. La fierté eût empêché le mâle d'une tentative conciliatrice, et aussi ce sentiment d'éducation première qui interdit de s'imposer aux personnes si elles ne manifestent point le désir de votre commerce. L'amour-propre, les convenances aguerries par les atavismes et l'esprit de caste, seuls eussent pu subjuguer le délire passionnel. Tant est folle et ridicule l'âme humaine qu'elle cède mieux aux suggestions des vanités coutumières, qu'à l'énorme vigueur d'un amour invétéré.

Manuel résolut un plan selon cette science de

la nature : se rendre odieux à la fille jusqu'à ce qu'elle fût obligée de le haïr, de le quitter et de s'abstenir du retour.

Il fut le maître impérieux imposant sa volonté par la perpétuelle menace du départ définitif, et le rappel de la honte à la pécheresse éplorée. Il défendit les plaisirs, les distractions, la toilette et la promenade. Les rues fréquentées, elle ne devait point les parcourir. Les amies anciennes seraient bannies. Pour motif à ces prohibitions, il prétexta sa jalousie trop justifiée.

Louise se soumit aux caprices. Elle demeura seule avec lui, seule avec le perpétuel affront de sa déchéance durement redite. Les larmes ruisselèrent constantes au visage de céruse ; la lèvre incarnate implora grâce ; les mains de lis se tordirent en supplications. Manuel lui insufflait sa brûlure intérieure et l'étouffement de ses angoisses A la voir souffrir, la douleur de l'amant s'exacerba davantage. Il attendait que les sanglots et les convulsions la jetassent sur le tapis ; et la prenait alors, et la violait dans les larmes, pour une jouissance amère mais sublime de leurs tortures confondues.

Ensemble, ils brûlèrent de douleur et d'amour ; et les baisers humèrent les pleurs, et les spasmes scandèrent les sanglots. Ils se ruèrent à leurs corps avec l'orgueil d'accomplir le plus hideux accouplement de forces contraires que l'imagination pût concevoir. Et le rappel de la fange commune, de la honte de la chute et de la honte de l'asservissement, fut le très efficace stimulant de ces épouvantables voluptés.

Un moment, Manuel crut qu'elle résisterait à l'épreuve. Il l'admira si rebelle à la séparation, si endurante pour le seul désir de le conserver, lui, insulteur et lâche, à la portée de ses lèvres précieuses. Déjà il commençait à se dire qu'un amour aussi fort rachetait la faute, et il songeait au moyen de partir en quelque lointaine patrie pour y cultiver une si rare floraison d'âmes dévoyées.

Or, à cette heure même, Louise se cabra. Toutes les plaies saignèrent à nouveau. Laure reparut dans la chambre aux astragales de plâtre,

Rupture. Manuel reprit la lutte contre le hasard et se cantonna dans la vie du cercle.

Le printemps pavoisa les rues et les éventaires sans écarter le deuil de l'âme délaissée. Le philosophe revint à l'hébétude, hypnotisé par le drame éternel de la maîtresse débraillée et rieuse aux plaisirs d'un autre.

Pour ne la point revoir, il s'accoutuma de suivre tout le pourtour des remparts, de sa maison au cercle. Car la vue des paupières bistrées et des lèvres incarnates désolées sous l'auréole de paille écarlate, attisait la flamme de sa géhenne. L'ancienne demeure de Germaine frôlée à chaque passage ne lui laissa revivre aucun espoir, aucun chagrin. Cela s'effaçait qu'elle eût été sa maîtresse, et tout le décor des comédies adjointes. Il se souriait tristement et continuait la route.

Les sites ne le frappèrent plus, ni les jeux de lumières aux pousses naissantes, aux boulingrins verdissants. Le vent le poussait au hasard, ou les circonstances, un caprice de sa mère, de sa sœur, une enquête du père. Par dérision, sa méthode de jeu réussit avec des accroissements de gain. Il eut de l'or plein les poches, des vélins bleus à crever le porte-cartes. Et cependant, abruti comme il s'avouait être, l'intelligence quasi morte, aucune chance n'aurait dû lui échoir. Les cœurs toutefois le favorisèrent avec une obstination fervente.

Il en usa pour amuser Juliette de jolis cadeaux. Ce lui constitua une sorte de manie sénile, un plaisir d'enfance, que de choisir dans les magasins des brinborions d'ivoire, des coffres d'écaille. Il passait l'après-midi avec Cellarion. Fortuitement, Esther était partie certain soir pour rejoindre aux Indes un officier de cipayes, son fiancé, dont auparavant la froide saxonne n'avait dit mot. Le journaliste et lui se ravivèrent la douleur, avec l'amertume de mieux souffrir à deux.

Si la peine aboutit à tordre leurs nerfs trop cruellement, ils dérivent une partie de l'exaspération par l'effort musculaire. Les yoles volent par rapides coups de rames sur les moirures du canal, parmi les saveurs de sucre qu'essorent à l'air les raffineries des rives. A couper la résistance des eaux, à fendre le vent, à couvrir l'espace par la promptitude de la course, à faire fuir aux flancs des esquifs les plats paysages souffreteux, et la fumée des chaumines, ils fatiguent un peu l'acharnement du souvenir, et gagnent des heures de répit, de sommeil mort.

Manuel se complut à dormir. Louise lui apparut au rêve, plus douce, dans un recul. Il poursuivait la tresse au ruban nacarat illuminant la ville. Ah! la jupe de vif-argent qui drape au détour des voûtes de défense!... Et quels circuits pour la joindre dans les prairies sombres aux corolles de sang!...

Un soir, leur yole croisa un blanc canot de chansons et de rires. Mary Hanser et Jeanne trônaient à la poupe parmi les fleurs de fête. Lélian murmurait des confidences à leurs brodequins, et Eugène, droit en sa colossale stature, hurlait une grotesque invocation d'opérette vers la lune mafflue.

Ils s'envisagèrent. Manuel reconnut défunte sa haine. La barque heureuse monta vers les bruits de bal d'une villa radieuse de lampions multicolores : la villa des Voyenvau en gloire.

Qu'importait qu'ils l'eussent prise, l'idole, eux, d'autres : N'était-il pas écrit de tout temps, chez les prophètes, que les villes seraient saccagées, les sanctuaires souillés et les prêtresses flétries, afin que l'orgueil humain ne s'élève pas impunément devant le trône du Seigneur! O les Barbares, fléaux de Dieu!

De palme en palme, ils marchaient, les Barbares, en leur infatuation grossière. D'abord, le procureur Caribert soutint les Voyenvau, « ces fils de leurs œuvres, fidèles serviteurs de la Cause. L'Eglise des Ardents ne leur devait-elle pas tous ses vitraux avec la légende peinte du cierge de notre Dame? la cathédrale son grand ostensoir de vermeil? l'Orphelinat, les prés de Sainte-Catherine et le revenu du bois Marœil? »

Quelle morgue ridicule empêchait de recevoir cette honnête famille? Quant aux origines, le conte de l'ancêtre bourreau : une fable. On en savait quoi tenir. Il eût fallu la preuve. Manuel protesta :

— Je l'ai eue dans les mains, sapristi, moi.

— Mon cher ami, vous avez été trompé par une ressemblance de nom. Et puis, vous traitez trop à la légère les plus graves choses. Quand vous serez un homme sérieux...

L'oncle Beauglaive, M. Héricourt, confirmèrent l'assertion du jeune homme.

— Qu'en fîtes-vous alors!

Manuel se tut par confusion. On le pressa de dire. Un moment, furieux de la mauvaise foi, il s'apprêta pour tout rappeler, la chasse, l'obstination de Mary Hanser à le suivre, le baiser et le vol de la brochure... Il balbutia quelque chose d'analogue...

— Manuel, commanda l'Ancêtre vous devriez épargner à mes convives vos histoires d'inconduite et surtout n'y pas nommer de personnes qui sont hors de suspicions.

Pourtant on insista contre les Voyenvau, sur la sottise du père, le manque de savoir-vivre qu'il affichait, le peu de tenue de la maison.

— Ils ont les plus beaux équipages de Flandre, remarqua Hélène visiblement agacée.

— En somme, reprit le procureur, les fils doivent-ils pâtir des défauts paternels ?

Il emboucha une déclamation : honneur des mains calleuses et du langage simple, comparé à la débauche de certains jeunes gens que le hasard et la naissance ont mis à même de se perfectionner l'esprit, le cœur, et qui préfèrent la compagnie de courtisanes stupides ou des viveurs sans scrupule à la sainte affection de la famille.

Caribert se cramoisit dans la violence des gestes cherchant les pans de la toge habituelle. Hélène de son fin profil pâli approuvait, et Mme Héricourt, et Jeanne Caribert, et Juliette, et tous, silencieux devant la clarté des nappes et les lueurs des cristaux vibrant aux ondes d'éloquence.

Lui-même, Caribert, le procureur général n'était-il pas fils de ses œuvres ? Il rappela sa famille ruinée par les révolutions et se couronna de l'auréole de pauvre étudiant travailleur dans la mansarde du quartier Latin.

— Quel plus beau spectacle, je vous demande, que ces deux jeunes gens, Albert et Charles Voyenvau, entourant la vieillesse de leur père de tout le luxe imaginable, lui faisant la vie douce et magnifique, lui mettant aux lèvres avec une charité touchante les fruits savoureux de son intelligence et de son bonheur!

« Quelle plus belle entreprise que celle de fonder une noble souche de gentlemen défenseurs de l'Eglise et de la Royauté, qui sauraient en imposer à la tourbe républicaine non moins par le prestige du rang que par la splendeur de l'œuvre? Ainsi leur respect rendra au Seigneur ce que le Seigneur leur a voulu confier pour promulguer la gloire de son saint nom. »

Comme épilogue, on aperçut les jours suivants la famille Caribert en garden-party dans le four-in-hand des Voyenvau. Puis Mary Hanser et son mari occupèrent l'impériale avec Hélène. Les petits-fils du bourreau chevauchaient, vêtus de jaunes paletots flottants, de gants brique, leurs grêles cous prolétaires perdus dans l'entonnoir des cols britanniques. Enfin les Doutrepuich, pour complaire à Jeanne et à Mary, fraternisèrent avec ces gens.]

Les Voyenvau atteignirent leurs souhaits. Il fallut la consécration.

Les maisons hanséatiques se masquèrent toute une semaine d'immenses placards multicolores.

« *A l'occasion des fêtes de Pâques, premier stee-*
« *ple-chase de season offert par la Hunting-Club*
« *sous la présidence de M. Albert Voyenvau.*
« *Réunion au clos Voyenvau.*
« *Handicap pour hunters, betting sur le turf, les*
« *dead-heats obtiennent la division du prix. Grand*
« *match entre For-Ever le gagnant de la Coupe,*
« *et Go-Ahead, à M. Lelian Doutrepuich. Course*
« *d'obstacles pour gentlemen-riders.* »

Le carillon secouait son ariette de cour sur cet idiome d'écurie qui mettait au rang de noblesse ses annonciateurs mieux que les veillées d'armes des anciennes coutumes. Les paysans groupés devant l'inintelligible affiche s'interrogèrent inquiètement, comme à la menace de quelque invasion barbare. Et parfois leurs gros yeux bleus se levaient vers la couronne princière du beffroi, vers le lion héraldique figé dans son rugissement de bronze. Mais la maison de ville en coquettes dentelles de pierre arborait les ogives de ses crevés, avec la belle indifférence des vieilles personnes pour les sornettes d'à-présent.

Manuel qui passait à cheval renseigna les gars de son village :

— Ce n'est rien, c'est les petits-fils du bourreau Voyenvau qui deviennent princes.

Les Héricourt n'en reçurent pas moins une lettre du Hunting-Club les invitant à octroyer « le concours de leurs lumières à l'œuvre du perfectionnement de la race hippique ».

Le Hunting-Club se flatterait d'inscrire parmi ses membres les veneurs les plus distingués de la province. Au nom de son fils et au sien, M. Héricourt renvoya un sec refus et les cartes de tribune offertes pour la solennité d'inauguration.

— Mon fils, il va falloir nous séparer.

Le père alla fermer la porte de la bibliothèque, puis revint à la table, où Manuel s'étonnait de l'exorde triste.

— Oui répéta-t-il, il va falloir nous séparer. Je t'élevai dans l'indépendance absolue, Manuel ; je n'imposai ni mon affection ni mon autorité pour entraver tes goûts depuis le retour du régiment. Les quelques remontrances que j'ai dû adresser à ta jeune fougue furent plutôt dictées par les convenances de famille que par ma volonté propre. Aujourd'hui j'estime que cette épreuve de liberté entière a suffi pour former une âme personnelle et experte des milieux humains. Ta morgue, ta franchise d'allures ont offensé nos parents. Ta mère et moi avons reçu des reproches pénibles au sujet de tes peccadilles, qui ont compromis la famille et, ce qui est plus grave, la Cause que nous défendons... Ne m'interromps pas... Si je n'avais qu'un enfant, j'aurais franchi l'obstacle de la réprobation commune pour que la vie persistât selon sa convenance. Car si tu as trop donné à l'erreur, la façon dont tu péchais dénote une âme peu vulgaire que j'eusse aimé voir sous mes yeux atteindre sa pleine expansion. Malheureusement, la province n'admet pas certaines allures d'existence, certaines originalités qui la choquent. Je n'insiste pas... Ta sœur Juliette est en âge de choisir un mari. Ta conduite peut compromettre le sort de son avenir. Je n'ai point le droit de la sacrifier à des caprices de jeunesse. Récemment j'ai nourri l'espoir que la rude leçon reçue après le voyage d'Italie te rendrait à une vie plus austère et plus décorative... Hier encore, une nouvelle lettre de cette malheureuse fille t'a ramené près d'elle. C'est trop : l'erreur ici entache ta dignité virile. Je crois pouvoir t'affirmer que notre sénateur t'agréera auprès de sa personne à la rentrée du Parlement. En Octobre tu partiras pour Paris. Un excellent apprentissage de la vie politique, que ce secrétariat. Je veux ainsi. Je ne te reproche rien. Il faut nous séparer, voilà tout. Tu m'obéiras?

— Oui, mon père.

— Bien. Serrons-nous la main.

M. Héricourt le regarda beaucoup de ses yeux gris agrandis étrangement, et le balafre de sa bouche tremblotait. Il ajouta :

— Reste toujours honnête homme. Parfois tu m'effrayes. Adieu.

Manuel enfourcha la plus rebelle des juments et se lança dans l'océan des plaines, dans la bataille des vents. Il s'épouvantait de lui-même.

L'affection inattendue du père, ce discours ému et triste, la séparation nécessaire et l'affreuse parole dernière le navraient Son père doutait de lui ! Et Manuel savait son père ferme, dogmatique, plein de sens. Ainsi, pour cette intelligence lucide, l'erreur et l'abjection passagères suscitaient la crainte d'une chute définitive !

Oui, sur la supplication de Louise, il s'était rendu au pont vers la pâle image trépassée contemplant les ondes guerrières roulées dans les précipices de défense. Au masque de céruse il avait appliqué ses lèvres, aux hanches de canéphore il avait frôlé son corps mordu de toute la géhenne. Et puis s'était enfui, incapable de subir davantage la présence de l'idole souillée.

Partir, l'emmener, elle, loin du décor fatal ! La régénérer, revivre dans la solitude populeuse de la Capitale des Villes, au reflet du bonheur déchu !

Manuel attendit la prochaine missive amoureuse pour tenter l'enlèvement.

Le père s'absenta. Sa menace fondit dans la mémoire.

L'amant enferma sa mélancolie. Cellarion, le seul ami, avait quitté le pays. La ville désertée d'Esther ne lui était plus tenable. En un port de mer il avait renouvelé sa vie, sans autre but, que la besogne quotidienne indispensable.

Avant son départ, pour que fût détruit tout vestige de la passion néfaste, il avait ouvert les volières à la voracité des chiens. Les cadavres des volailles et des perruches jonchèrent, éventrés. La meute fut vendue, car Esther s'était intéressée à ces bêtes. A quoi bon gagner, puisqu'elle ne dépenserait pas.

Manuel songeait en sa chambre grise. Il se disait fort parce qu'il s'abstenait de courir aux prunelles siciliennes. Fort, très fort. Oh! quand les lueurs des gaz allumaient la ville obscurcie comme il entendait Louise descendre à la débauche en ses apparats de courtisane, comme il la sentait se dire : « Si Manuel venait pourtant, je n'irais point égayer la verve des viveurs ! » Alors ses pas, malgré lui, le menaient vers la porte ; et il s'accrochait au chambranle, et il s'inondait d'eau la tête en délire pour ne point courir aux vœux de la toujours Aimée.

Cependant sa mère, sa sœur s'affairèrent à des visites, à des essayages de robes neuves, à des entretiens de modistes. Un grand événement pour elles se préparait. Manuel interrogea. Des réponses vagues satisfirent son attention instable. Seulement il se comprit importun dans la maison et il reprit ses courses à cheval.

XII

LA RUINE DU DÉCOR

Un après-midi, son cœur s'était vidé de la lie coutumière ; ses nerfs s'étaient lassés dans une sérieuse lutte contre la pouliche rétive aux obstacles. Il revenait vers les murailles touffues, heureux d'une sorte d'apaisement, et des flexions que donnaient à son torse les courbettes fréquentes de la bête toute neigeuse d'écume. Les naseaux mobiles, d'un beau velours gris, expiraient des fumées jaillies comme, dans les tableaux allemands, fument les naseaux du cheval noir que la Mort presse. A sa main les rênes tendues, détendues, disaient la soumission de la bête, puis les réveils de révolte, et la malice des méchants tours médités contre le dompteur. Il s'amusait à prévenir ses ruses.

Aux tendres sonneries des cloches, aux rauques appels des corneilles citoyennes, aux batteries des forges, la Cité, dans la tiédeur de l'air, commençait à bleuir.

Près des pont-levis, par-dessus la prairie adjacente, la multitude des oriflammes chatoya devant son regard. De l'enceinte des palissades, des rumeurs tournantes s'envolaient, comme d'une grande masse de peuple.

Il se souvint que c'était la date du fameux steeple-chase des Voyenvau, tant reculé jusque cette heure. Et la curiosité le conduisit vers ces palissades.

En claires toilettes de gala, Hélène au bras de l'Albert, Juliette à la main du Charles, paradaient pour lotir les jockeys vainqueurs de flots de rubans. Soyeuses et blanches, triomphales sourieuses, elles avaient au regard, sous le tendelet de pourpre, une humide reconnaissance envers leurs souffreteux cavaliers dont l'attention, souventes fois détournée d'elles, couvait par œillades fates les pâles figures de céruse : Laure, Louise, siégeant aux places de faveur.

Tant il avait déjà souffert et enduré, que cette neuve humiliation n'étonna plus Manuel. A peine trouvait-il encore un ferment de rage au fond de soi. Mais ce le navrait que Mme Héricourt et Juliette eussent comploté cette honte, contre les sentiments du père et durant son absence.

Louise, folâtre aux bras de l'Albert, se dressa devant l'esprit. Les éternelles tortures le grillèrent encore. Il devint furieux et résolut un éclat, D'abord il sermonerait vertement sa sœur. M. Héricourt rentrait le soir même. Il saurait tout.

Louise, il l'irait reprendre au Voyenvau; et si l'autre faisait mine d'insistance... il s'arrangerait pour que l'insulte vomie sur cette face ignoble contraignît au duel sans miséricorde ; ensuite, il crèverait le ver humain.

A la rentrée de Juliette, il l'attira dans le salon par l'appât d'un cadeau. La jeune fille, rose de sa joie récente, accourut remercier, voulut embrasser le cher frère.

— Après le bourreau? merci; non.

Interdite par l'apostrophe, elle se remit vite, affecta de rire. Mais il ne lui laissa point le temps d'achever l'ironie, et lui saisissant les mains, lui hurla sa fureur.

La mince face de la vierge blémit. Elle se dégagea, jeta au loin le bibelot offert qui se rompit en mille parcelles d'ivoire. Avec le bibelot, ses gants échappèrent. Manuel la stigmatisait de paroles hautaines. Elle se rebiffa : elle se voulait maîtresse de ses volontés, de ses amitiés. Charles Voyenvau lui plaisait. Il était doux, élégant, plein de galanterie, et le plus strict dandy connu.

— Un mariage alors?

— Pourquoi pas.

— Ça non, par exemple.

— Eh bien moi je dis « oui ».

— Jamais notre père...

— Je le déterminerai. Maman le déterminera.

— Ah ! notre mère...

— Que tu es naïf avec ton esprit, et ton affectation d'homme supérieur ! Comment ! tu ne t'es pas aperçu que, depuis trois mois, le double mariage d'Hélène Caribert et Juliette Héricourt avec Charles et Albert Voyenvau, est chose conclue ?

— J'ignorais que ma sœur eût des appétits si bas, que des talents de palefreniers la pussent séduire.

— Tais-toi, Manuel ! Tais-toi. La chose s'est organisée par l'entremise de Monseigneur lui-même. On s'est rencontré au palais épiscopal, pour la fête de l'Orphelinat. Monseigneur de Grignols est, j'espère, assez bon juge de convenances. Voilà ce que tu ne nieras point.

— Mais c'est le malheur de ta vie que tu souhaites. Cet homme, tu ne l'aimes pas !

— Peut-être.

— Tu l'as vu deux heures.

— Nous avons dîné onze fois côte à côte chez les Caribert ; et chaque fois une soirée dansante a suivi. J'épouserai Charles Voyenvau s'il me fait l'honneur de demander ma main. Et il la demandera.

Manuel haussa les épaules. Il était sûr du refus paternel. Juliette, narquoise, tapotait les touches du clavecin. Son profil aigu de bête méchante scandait l'ariette fredonnée avec une mutinerie de triomphe.

Manuel ramassa les gants :

— Vous êtes une petite fille ridicule, mademoi-moiselle Juliette Héricourt. Voici vos gants... Eh mais !

— Rendez-moi ce papier. Tout de suite. Vous ne seriez point assez goujat... Finissez, vous dis-je.

— J'aurai cette goujaterie...

— O mon Dieu ! Maman, maman.

— Maman ! Elle dîne en ville. Mais notre père va revenir.

— Lâche !

— Alors vous correspondez avec ce Voy...en...vau. On se tutoie même... Déjà !... Ah... catin ! Vous aussi ; catin ! cat...

Un râle de mort étrangla le frère : et dans le spasme de douleur, il tomba sur le tapis, se roula avec l'espoir que cette fois il allait enfin périr, que l'ange de la Mort le viendrait délier de la vie, et le laver de ces innommables souillures.

La jeune fille redressée, tragiquement déclamait :

— Eh bien ! oui, je l'aime, Charles ; oui, je l'aime ! Et j'ai raison de l'aimer plutôt que toi ou tes pareils qui me répugnez tous. Lui, au moins, il ne me faudra point l'aller chercher au soir dans je ne sais quelles sales compagnies. Pour lui, au moins, je ne verrai pas pleurer ma mère toutes les nuits, comme elle pleure sur toi ; ni pâlir mon père en son attente, comme il pâlit en la tienne. Crois-tu que je n'aie pas deviné tes crimes au deuil de la maison, aux vilaines odeurs que tu rapportes du dehors, à l'air de vice que dégage ta personne flétrie, quand tu rentres le matin plombé par les nuits de jeu et par je ne sais quelles autres débauches plus infâmes. Ta science, à quoi sert-elle ? à empoisonner les joies les plus pures et les plus naturelles par de fates moqueries et d'atroces sentences de désespoir. Ton âme vidée de toute croyance, de toute gaieté, de toute franchise, crois-tu que je l'envie pour horizon de mon existence conjugale ? Ah ! non certes. Un pareil à toi ! Mais serais-tu capable d'aimer une épouse, de lui donner le luxe, l'honneur et la joie, toi qui méprises tous les métiers civiques, tous les labeurs et toutes les spéculations comme indignes de ta belle âme. O belle âme, vraiment ! qui se mire en elle-même au dédain de tous, avec la seule société de ses ignobles passions et la stérilité de son extraordinaire égoïsme !

« En épousant Charles, j'épouserai un esprit humble et joyeux, travailleur pour acquérir le bien-être et le faste où il saura me glorifier, comme il sait déjà glorifier ses parents. Et plus encore : ainsi que l'a dit Monseigneur, cette union scellera pour jamais la concorde entre les partis de la Cause, et fondera dans la même famille la valeur et l'expérience des anciennes races légitimistes avec le jeune sang et la fougue des races nouvelles, pour la plus grande gloire de Dieu et du Roy. »

Juliette s'arrêta, la main haute vers les portraits d'ancêtres.

Manuel la regardait en horreur de lui-même, qui avait rendu monstrueuse cette âme simple par l'odieux de ses apparences quotidiennes. Lui-même avait insufflé à cette forme de jeune fille la haine du bien et la soif des prestiges vulgaires.

Alors la croyance à sa loyauté virile, à l'honneur de sa conscience, la croyance en lui-même sombra. Ce ne fut plus la douleur geignant à toutes ses fibres; ce fut le vide et le silence de la mort à son cerveau. Manuel alla ballant à la vie.

Discussions de la sœur et du père. Reproches de l'ancêtre. Réception de Voyenvau. Colères de Charlisles Cœuvres. Indignes tracasseries sur les articles du contrat. Exigences croissantes des bourreaux se voyant agréés. Réclamations sur la faiblesse de la dot. Terres vendues, chasses vendues, écuries vendues, chenils vendus pour satisfaire l'appétit du fiancé : — cauchemar tout cela dont il attendait la fin par résignation.

Les termes du billet surpris dans les gants de Juliette étaient tels qu'il fallait à tout prix conclure le mariage.

— J'abandonne ma dot, ma part d'héritage, dit Manuel.

Et que lui importaient ces choses d'argent.

Tout mourait. La Fin était, inéluctable et nécessaire.

— Nous prendrons aussi le château.

— Non, fit Manuel, je le garde pour moi ; et jamais vous n'y entrerez, monsieur.

Si terriblement il darda ses paroles au beau fiancé, qu'il n'insista point. Il prit alors le jeune homme par le bras :

— Si dans vingt minutes le contrat n'est pas signé, je vous calotte, monsieur Charles Voyenvau, et je vous tue après.

— Vous êtes drôle, vous ! Ah qu'il est drôle, votre frère, mademoiselle Juliette : si nous signions ?

Ah oui, il était drôle. Il marchait dans du noir, pensait vide ; le sol lui mollissait aux semelles. La nature se brouillait à sa vue, à son ouïe. Les couleurs se décomposaient en leurs complémentaires et dansaient un ballet fou devant ses pupilles éblouies ; un ballet l'enserrant d'écharpes vertes, rouges, bleues, jaunes, qu'il tentait d'écarter de ses doigts ramant à l'air avec une obstination sénile.

Enfin tout fut signé, le jour des doubles noces fixé. Les Héricourt dépouillés de leurs biens partaient en Algérie. Manuel donna sa démission du cercle le soir où furent affichées les candidatures des trois Voyenvau, père et fils.

Puis il gagna une sorte de guinguette de banlieue fréquentée par les viveurs, en la belle saison. Louise l'y devait venir rejoindre ; et ils prendraient le train de neuf heures pour Paris.

Manuel renonçait à l'espoir de vivre sans les prunelles siciliennes brasillant dans le masque de céruse.

Par ce jour de fête républicaine, le dandysme s'était réfugié en ce lieu écarté des tumultes de poudre et des banderoles tricolores. Le philosophe les salua. Il y avait les Doutrepuich, les Voyenvau, Ch'Minteux qui cria :

— Laure va venir avec Louise. Attendez-les à notre table.

Manuel secoua la tête et se laissa choir sur un banc. Il ferma les yeux quelques minutes afin que la nature reprît ses attitudes véridiques quand il les rouvrirait. En lui-même tombaient les pleurs de la défaite, les pleurs lourds et chauds, un à un. L'ange avait vaincu Jacob.

Son cœur battait difficilement sous le poids des sanctuaires écroulés et des pavois effondrés. La courbe lumineuse du Cheroub était repartie pour les ellipses stellaires, accrue du butin de son âme, son âme arrachée à la forme vide et veuve maintenant, la forme brûlée de tous les incendies passionnels, souillée de toutes hontes.

Un tintamarre ridicule le réveilla.

Les gymnasiarques ivres, affublés d'emblèmes nationaux envahissaient. Les lanternes vénitiennes tremblèrent sur leurs fils. Des refrains obscènes troublèrent les feuillures, et des bruits de choses trinquantes.

Soudain, dans l'enfoncement du porche, parut la face de céruse, et la lueur des prunelles éclipsa les lumières.

Manuel se leva ; ses mains tremblantes l'appelaient. Mais il lui vit au corsage un bouquet de fleurs tricolores.

Les gymnasiarques ricanèrent.

— Vive la République ! Vive Louise !

Elle riait de ses dents lunaires. Les Voyenvau et les Doutrepuich, fort pâles, attendaient.

Il eut bien de la peine, Manuel, à ne pas la prendre quand même en ses bras, pour un dernier piétinement de la patrie et de la foi sainte.

Mais son clavier à douleurs chanta de toutes notes.

C'est pour cela qu'il eut la force d'arracher du corsage les fleurs de république et d'en souffleter la face de céruse.

Sans regarder, il s'enfuit.

Le railway l'entraîna dans la nuit fauve.

Alors Manuel Héricourt pleura. Tout ce décor de la jeunesse s'effondrait aux abîmes de la mémoire, tout le décor des chasses et des actions vaines, et des vaines couronnes, et des vaines batailles et des vaines amours ; tout le décor de lui-même, le faux décor qu'il s'était crû être et devant lequel l'Inconscient avait paradé pendant la totalité d'un lustre, un bandeau contre les yeux, et de sublimes boniments plein la voix.

FINALE MYSTIQUE

I

RENONCEMENT PROPITIATOIRE

La capitale des villes le rejeta misérable, fourbu par trois années de course à la gloire.

Mises au point de l'opinion vulgaire et promulguées par de solennels vieillards, ses utopies d'adolescence triomphèrent sous les noms de plagiaires illustres qui s'évertuent à pomper des cervelles jeunes les meilleures spéculations pour les édulcorer, distiller, étiqueter d'épithètes consenties et les servir comme leurs aux bravos du plus sot peuple du monde.

Trois ans, caudataire d'un leader légitimiste nanti par hasard de quelque pudeur, Manuel Héricourt pataugea dans la fange parlementaire.

Sous la plâtreuse austérité des couloirs monumentaux, il connut le triste agiotage de ces hommes ruinés par les sportules électorales, avides de tous vices, et s'occupant sans vergogne à l'unique soin de trafiquer, au plus cher, des votes et des influences. Il sut la bourse du Palais-Bourbon, mieux organisée que l'autre, avec ses agents de change, ses coulissiers et ses allumeurs qui crient la cote des bureaux de tabac, celle des pensions aux légionnaires d'un 24 février quelconque, celle des monopoles à vendre, celle des courtages possibles sur les concessions de chemin de fer, l'adjudication des fournitures d'État et les décorations honorifiques, et quels votes et quel nombre de votes coûtera pour chacun ces lucratifs privilèges. Il observa les chefs de groupes acquérir les plus humbles consciences, tenir comptoir à leur tour de votants achetés, et, couverts aux yeux ahuris du peuple imbécile par la pompe de discours patriotiques, assaillir l'Etat de perpétuelles batailles, afin d'enlever, par la conquête du ministère, le droit de brasser en grand les affaires publiques. Il les vit se vendre aux banques, dès lors maîtresses et dispensatrices, livrer aux plus généreux payeurs de pots-de-vin les monopoles des fournitures, les droits d'émissions financières, les garanties de l'Etat sur entreprises industrielles, même la guerre coloniale, pour garantir en ses profits quelque riche exploiteur de la naïveté orientale rebiffée. Rapides et voraces, il les regarda s'épanouir jusque l'heure où les renversait enfin une autre banque propriétaire, de par ses largesses, d'une majorité de clients parlementaires.

S'enrichir? Même pas. Cinq ou six cabotines dévoraient à elles seules l'or produit par toute l'effervescence législative, grugeant la bonne foi de trente millions de citoyens, dont le labeur continu peine uniquement, de l'adolescence à la mort, pour satisfaire sur le ventre de ces femelles l'érotisme de leurs élus. Et, selon les caprices et les besoins pécuniaires de ces avides prostituées, les lois se votent ou s'abrogent, la paix ou la guerre se pèsent!

Manuel prêchait ainsi devant les parents sourieurs à sa naïve indignation.

Liberté, République, Fraternité, Suffrage universel, quel beau, quel bruyant décor à la simplicité populaire! Et les malheureux plébéiens, ignorants par essence de toutes délicatesses luxueuses, puis jetés soudain, à la source de soie et de joie par l'étourderie des élections, comment ne se laisseraient-ils pas, jusque la forfaiture, éblouir?

Manuel s'assit sur ses bagages. La villa enrubannée de lierre se contournait sur le sable des cours. Les hauts fourneaux de la mine, les cheminées des brasseries et des raffineries empanachaient de nues cendreuses leurs bâtisses de briques rôties et les tumultes des industries actives. Les haquets sonnaient sur les pavages au galop des lourdes bêtes normandes.

Un instant il contempla grouiller le troupeau des travailleurs tâchant à refaire la fortune de la famille détruite par les krachs successifs.

Ç'avait été, pour ce pays, un cataclysme de ruines subites, la vente à l'encan des fermes, la division à l'infini aux mains maraîchères de la grande propriété. Et, cette division des terres multipliant la nécessité de l'effort sans accroissement du capital, les misérables acquéreurs avaient dû épuiser l'humus par des plantations trop robustes, mais lucratives, qui allaient tarir les sucs du sol. Maintenant l'océan des terres désolées montait plus nu encore sur l'horizon blanc; si nu que les perdrix périssaient aux coups de grêle faute d'abri, et que les lièvres mouraient de soif faute de rosée.

Les ancêtres s'étaient abattus à ce vent de déroute, et leurs sépulcres blanchissaient le bois de mélèzes en vigueur sur la tombe armoriale, là-bas, aux portes de la cité carillonnante abandonnée par la race appauvrie.

Ses parents magistrats drainés par l'épuration républicaine, plaidaient sans gloire pour les assassins régionaux. Ils avaient retourné les apparences de leurs discours, et les grandes choses, Humanité, Passion, Atavisme, servaient à leur parole grasse et ronde pour excuses aux crimes si souvent flétris jadis au nom des autres grandes choses, Mariage, Honneur, Morale, Patrie.

Usmar, ironique, plaisantait de son malheur.

— Ah! la femme, ce mirage fallacieux à toutes âmes! Et les petites filles, jeune homme, ont-elles encore chargé d'angoisse les téméraires croyances de votre cœur?

Manuel haussa les épaules.

La femme, forme vide, coffre sans fond où l'homme jette le meilleur de lui avec le fol espoir de le combler de sa vie, de sa pensée, de sa moelle, de son effort; immarcescible idole de tous âges, de toutes races; et pourtant emblémature si inférieure au désir qu'elle doit signifier : car l'homme dut ravir aux autres choses vivantes de quoi parer et redresser en une élégance au moins végétale, l'immonde et véridique femelle préhistorique, à l'énorme ventre flatueux, plissé de couches nombreuses, aux longues mamelles pendantes, aux yeux ahuris de bête lassée. Fanons de la baleine pour le buste amorti, teinte des plantes et perles des conques pour la peau livide, richesse des métaux pour les difformités du corps; et l'art des siècles ne put même réussir à préserver les regards modernes de cette hideur : la bourgeoise roulant par les avenues ses amas de chair informes et satisfaites.

Les conquêtes et les travaux ne visèrent jamais d'autre but que l'ornement de cet ostensoir de l'idéal viril. Or, en manifestation de sa bassesse passive, la femme récompensa tant de sang épandu et tant de générations esclaves par l'effort d'atteindre le seul symbole de l'éternelle perfidie ; et toujours elle pèche par les défauts stercoraires de l'âme, parce qu'elle n'existe comme puissance que par les parties stercoraires du corps. O déesse de Ninive, pierre noire, effigie du sexe passif! et vierges prostituant leur puberté dans les bosquets du temple! O sagesse de Ninive qui sut le mobile initial des actions des peuples et la honte dominatrice de l'être douze fois impur.

Et merveille du christianisme qui annonce la vraie parole, le devoir du célibat pour l'âme en voie de s'affranchir vers Dieu.

Mais poussé par le rythme de perpétuation, l'homme toujours retourne à la forme féconde ; car il sait n'avoir atteint le grade de mysticisme qui réhabilite à l'essence première ; et toujours il procrée dans la douleur, afin que naissent de lui des âmes plus aptes à sublimer de leurs vertus la substance humaine. Point elle ne doit s'éteindre, en effet, la race des hommes, autrement que par l'hymen de sa nature déifiée avec la Puissance Génératrice des Causes.

Et jusqu'à ce que viennent ces temps de gloire, les foules viriles se rueront à l'Idole, à ses fards, à ses artifices, parce qu'elles pressentent en elle la source des réalisations futures pour la splendeur latente de leurs grands désirs.

Lui, Manuel, laminé par toutes les épreuves, renonçait à la transfusion de son être dans une forme fille. Il tâcherait de se suffire en la contemplation de ses créatures intellectuelles.

Dans l'impasse d'un quartier riche de Londres, il avait vu par des dimanches obscurs et silencieux défiler toutes les nymphes, les fées, les déesses et les reines sous des figures de petites filles pensionnaires. Quelles graciles Vivianes en robes d'orfroi, quelles altières Sémiramis en simarres de nuit, quelles Eucharis folâtres et bruyantes en tuniques de pourpre !

Aux gestes menus, aux fossettes de ces enfants, il avait reconnu toutes les passsions légendaires des histoires et les tragédies des guerres.

Et ce l'avait repris aux vaines caresses des maîtresses dernières.

Hors les contingences du monde, à présent, il était résolu de vivre, reclus au château patrimonial.

II

EXERCICES DU SEUIL

Il quitta les parents, leur vie, et gagna ce château.
Avec un valet, il se reclut.
Et des mois, sans même lire, il se replia dans la méditation intérieure.
Alors sa volonté s'objectiva.
Il acquit cette vertu miraculeuse de voir se préciser devant son œil les images des concepts évoqués.
Ce furent d'abord de simples assimilations où les courbes de ses pensées semblèrent se fondre utilement avec les inflexions des apparences matérielles. Certain platane lui demeura longtemps le signe de la philosophie boudhiste ; et il ne le pouvait apercevoir sans que surgît aussitôt en son esprit l'ensemble des maximes générales où se concrète cette théorie.
Ainsi peupla-t-il de ses émanations intellectuelles toutes les formes ambiantes, le paysage.

Après un certain temps, il n'y eut plus au château, dans le parc, une console, un buisson, qui ne symbolisât quelque haute vérité métaphysique.

En sorte que la nature formait une annexe de son cerveau.

Mais comme sa science n'ignorait point sous quelles figures les anciens sages aimaient enclore le secret de leurs trouvailles, elle para bientôt tous les objets de ces figures, de ces pantacles.

Siva la destructrice, Maïa l'illusoire, Moloch le dévorateur, le lumineux Osiris et l'ardente Cérès paradèrent processionnellement avec leurs hiérodules, leurs bêtes sacrées et leurs cymbales.

Dès lors Manuel exista dans la communion des dieux.

Les mystères révélés et toujours renaissants lui emplissaient l'âme d'une harmonie merveilleuse et tendre où sa volonté vagua mollement parmi les plus sublimes évocations.

Ces filles de son génie l'adulèrent, le choyèrent. Et de leur commerce incessant il engendra des conceptions nouvelles et plus hautes qui l'exaltèrent à des magnificences spirituelles inouïes. Tel Loth engendra de ses filles.

La nuit, il s'enveloppait d'un grand manteau de laine, et, les paupières closes, il s'hypnotisait sur un seul point imaginatif.

Au bout d'un temps, il lui paraissait sortir de

l'enveloppe charnelle, poussé par l'unique force du désir.

Et son corps retombait inerte comme du vin épanché.

L'âme astrale saisie dans l'attraction des mondes supérieurs évoluait parmi les miracles.

Une fois il resta comme mort, toutes les heures depuis le crépuscule, dans le manteau de laine.

III

EXTASE

L'ascension de l'aube baisa les hautes fenêtres quadrillées du château. Manuel perçut se roser son sommeil, et l'âme s'exalta sous ce salut de Dieu.

Quelque temps, le grand zaïmph d'orange étendu sur le ciel le garda captif, imbu de reconnaissance pour la douceur des choses et la grâce du réveil.

Aux sapins filtraient des lueurs de vitrail entre les vertes aiguilles, émaux blancs, jaunes, rouges ; les boulingrins fleuris pendaient au flanc de la colline comme une fastueuse robe d'impératrice. Au fond s'étageait l'afflux des terres vertes battant l'immuable assise du firmament.

Et les ruines de l'aile nord écroulée, débâcle de pierres, de chapitaux moussus, de cornes d'abondance et de pots à feu, offraient au nouvel amour du Christ l'holocauste de leur magnificence éventrée, par signe de définitive solitude, de recueillement et d'attente.

Le visage de l'aube rayonna jusqu'au zénith; et, sur l'horizon, parut son collier d'hyacinthe.

Alors Manuel se prosterna.

Ses chairs frissonnaient. Ses genoux nus embrassèrent l'âpre fraîcheur du carreau. Ses yeux pleurèrent au bon supplice de fixer le crucifix.

Bientôt la face du Christ s'agrandit, oscillante et vaporeuse. Les cheveux roux s'épanouirent dans toute la largeur de la muraille, plus loin encore, au delà des fenêtres, jusque les rousseurs de l'aube devenue elle-même la vraie chevelure de Dieu.

Les paupières mortes tremblaient : telle l'eau violette des mers nocturnes.

Les rides du front se joignirent en ellipses sidérales, où les gouttes sanglantes des épines flamboyèrent, tournèrent : soleils.

Et chaque cheveu de l'Hostie Sainte, étiré du circulus d'ellipses, s'irradiait avec la promptitude de la lumière, ondoyait dans l'espace ébloui, décrivait un cycle universel troublant les mondes, puis revenait graviter au gouffre rouge de la bouche rédemptrice, centre de l'essor des Rythmes.

De cette bouche, il s'exhalait l'indicible musique du chœur des sphères.

Spirales ascendantes des harmonies mères qui enlevaient Manuel en râles et en spasmes jusque l'intersection des angles infinis, des courbes stellaires croisées, virant par vitesse de foudre parmi la poudre des nébuleuses.

— *Notre père qui êtes aux cieux!*

Les courbes émanaient de la bouche de Dieu. Et leur trace dans l'éther développait d'immenses ailes de vapeur blanche : vapeur onduleuse, incurve, tantôt cave comme le ctéis, et passive de l'impulsion acquise, tantôt infrangible comme le jod, active de bonds nouveaux et productrice des forces.

A cette double nature, Manuel connut les Anges, les êtres messagers porteurs de l'essence créatrice aux mondes. Les Anges! Le Mouvement!

La mélodie de leur vitesse mettait l'éther en vibration, et ces vibrations, modifiant la nature de l'essence émue, leur faisaient un sillage de créatures sonores, brûlantes, lumineuses, diaprées des sept couleurs, condensées en gaz ardents, noyaux des planètes. A leur passage, les astres s'allumaient, les arcs-en-ciel flambaient, les nébuleuses se liquéfiaient, les soleils refroidis s'animaient de leur androgynat, antagonisme des forces actives et passives : les eaux fécondaient les rocs. Les Anges! Le Mouvement!

— *Que votre nom soit sanctifié!*

Ainsi les courbes séraphiques parcourent les cycles de l'infini.

Et puis elles revinrent vers la bouche du Dieu,

source attractive des Forces. Et de grandes rumeurs tournaient dans l'abîme de la source.

Les comètes partaient sur l'élan des Anges pour des centaines de siècles.

Des nébuleuses naquirent de leur semence, de leur trace.

Elles s'allumèrent à la ride dernière d'une lointaine vibration projetée par un chéroub.

Elles brûlèrent.

Elles se rétrécirent.

Elles couvrirent leur feu intérieur d'une croûte fervente dont la chaleur condensa les gaz qui churent en pluie sur elle, la délayèrent, la fécondèrent.

Les végétaux parurent, les coquillages, les reptiles, les animaux, les hommes.

Les hordes marchèrent. Les républiques s'instituèrent. Les empires guerroyèrent. Les tyrans inventèrent des supplices. Les femmes abâtardirent les races. Les plèbes admirèrent les vainqueurs. Les martyrs saignèrent dans les cirques, dans les carrefours, dans les mansardes.

Et puis la comète revint.

Elle passa.

Attirées dans son action, les planètes, ses filles, y volèrent.

Une étincelle pétilla sur l'écrasement

D'autres mondes renaquirent.

— *Que votre règne arrive !*

Manuel s'abîme aux splendeurs de la vision.

Heureux de palpiter à la seule harmonie des sphères courantes, des cataractes d'étoiles pleuvant en musiques inconnues : orgues et voix, cloches et cris de fête, tocsins et galops des déroutes, harpes et lamentations.

Et du murmure douloureux des mondes défaillants, les suaves gerbes de prières jaillies se fondent à l'immédiate attraction d'un chéroub, à la mélodie de son vol incendiaire vite résorbé dans la bouche du Christ.

Cependant les cheveux de flamme bondissaient en trombes par l'infini d'ambre, et leurs effluves lumineux faisaient sourdre des mondes imbus de leur vigueur.

Or les étoiles omises par leurs spires demeuraient atones comme des corps morts, flottaient dans l'éther bleu, blêmes cadavres célestes, passifs réflecteurs des éclats de passade.

Et des autres astres, les mers levaient leurs ondes vers cette sécheresse ; et des terrasses des temples les femmes levaient leurs oraisons à cette stérilité des lunes.

Car les terres pourvues du feu divin fleurissaient à toutes corolles, à toutes humanités, à toute vie.

— *Que votre volonté soit faite !*

Avec le suc des plantes, la chair des bêtes, les odeurs de l'air et la douceur des eaux, le corps humain absorbait la vigueur divine incluse.

Et toutes reconnaissantes de la vie, toutes terrifiées de la mort, les races regardèrent leurs cœurs.

Elles y virent l'image de Dieu.

Les autels s'élevèrent. Les victimes s'offrirent au couteau des sacrifices.

Et dans les entrailles, les augures déchiffrèrent les présages lisibles.

L'encens fuma sur le sang.

Alors les siècles partirent à la découverte de l'Essence-Mère.

Ils la demandèrent aux pompes du ciel, à la pureté du feu, à l'ardeur du soleil, à la fécondité de la forme, à la sagesse, à la science.

Astarté brilla sur les proues des galères, Moloch dévora les fils des Carthage, Phébus parla dans les oracles, Vénus parfuma les eaux de sa naissance éternelle, Vichnou s'assit sur le lotus, Isis se voila au fond des déserts.

Or, ainsi que ces ancêtres, un pêcheur s'interrogea l'âme. Il s'aperçut qu'elle contenait l'essence de tous les dieux.

Et le Fils de l'Homme parut à sa Foi. Car l'œuvre conçue d'après un principe reproduit ce principe même.

— *Donnez-nous aujourd'hui notre pain quotidien !*

Manuel vivait dans sa prière toutes ces vies de peuple, tous ces désirs de siècles. Il eut l'extase des triomphes accrue par la rigueur des luttes successives.

Des angoisses grandioses le surprirent à prévoir l'influence des courbes séraphiques approchantes et qui, d'un rythme contraire au progrès de la race élue allaient par l'espace, semant leur pollen de créatures brillantes. Il fut, dans le corps des prophètes, l'annonciateur des ruines et des défaites. Il chanta bien avant leur venue la chute des Sodomes et des Solymes. Bien avant leur venue, il prédit aux peuples les eurythmies de l'avenir, les mélodies d'efforts à atteindre. Et les peuples le lapidèrent, et les aristocraties le vouèrent aux bêtes, et les princes des prêtres le lièrent sur les bûchers de justice. Mais les villes s'écroulèrent, mais les eurythmies sonnèrent ; et les générations suivantes bénirent les noms de ses formes humaines.

Il fut aussi dans le corps du coupable, le triste jouet des chéroubim adversaires conquérants de son esprit déchu, enivré. Il connut les fautes de malexemple qui arrêtent des ans et des ans l'œuvre de la race leurrée.

Et il souffrit les tortures, l'impatience des retards

pour l'élan cyclique, la tristesse des essors rompus et toute la géhenne infernale.

— *Pardonnez-nous nos offenses comme nous pardonnons à ceux qui nous ont offensés!*

Même il rejoua la mort du péché, la débauche dispersive qui soumet aux caprices de tous les anges. Il vit mourir dans les âmes des peuples pollués la volonté créatrice qui relève à la vertu des séraphim, et retourner à la matière des feux intérieurs l'essence astrale des cheveux du Christ.

Car ce rythme divin inclus dans le temple de la forme virile, l'homme, par l'amour, le transportait au temple de la forme féminine et l'y adorait, l'y magnifiait dans l'apothéose de ses élans passionnels. Or, afin que la passion jaillît plus forte contre la résistance des antagonismes, les peuples, sous l'influence des vigueurs astrales, édifièrent les lois sociales qui restreignirent sa liberté.

Ce qui donna aux êtres imbus de fluide passionnel une puissance attractive énorme où durent se combiner toutes formes du désir, saisies par le flux des ondes magnétiques émises. Parfois même, chez les âmes élues, la passion, dédaigneuse des formes tangibles, cherchait en elle-même le Temple et l'Idole : toutes contingences abolies par sa volonté robuste, elle trouvait Dieu, vivait à sa face, communiait de son essence, dans la béatitude de la Grâce.

Ainsi armé de vertus formidables, l'être subjuguait le passage des chéroubim en lui, leur imprimait son sceI, les unissait en sa cohésion et quand le corps humain se désagrégeait aux fermentations de la mort, les rythmes maintenus par cette forme infrangible s'allaient joindre aux courbes sidérales et à la nature de l'ange, avec la conscience humaine de leur splendeur et de leur immortalité.

Mais souvent la folie des races niait la puissance de l'effort vers l'extase qui affranchit des nécessités vitales. A toutes les débauches, à toutes les vanités elle laissait couler et s'éperdre sa vigueur. Tant, qu'après sa mort, les rythmes désagrégés, repris par les essences génératrices, n'emportaient point avec eux le sceau de l'âme défunte et livrée à l'horreur éternelle d'obscures métempsycoses.

Et de cette grande douleur évoquée, Manuel ressurgit vers la contemplation lumineuse, à la face oscillante et vaporeuse, aux grands cheveux roux épanouis dans l'infini, à la bouche exhalant l'indicible musique du chœur des sphères, aux ailes blanches des anges incurves envolés de leur sillage de créatures sonores, lumineuses, diaprées des sept couleurs, condensées en ardents noyaux planétaires, semées en poussières sidérales dans l'espace d'ambre.

— *Et ne nous laissez pas succomber à la tentation, mais délivrez-nous du mal.*

La beauté du miracle, l'odeur de l'harmonie céleste suffoquaient le corps du voyant secoué comme une mer émue des approches électriques.

L'âme partait en pamoison avec l'onde ultime d'une trace d'ange ascensionnel ; puis, à sentir de trop puissants bonheurs, défaillait la chair chétive.

Quasi mort, Manuel demeurait jusque l'instant de la voix rude :

— Maître, Maître, éveillez-vous.

Le vieux serviteur rustique le relevait, lavait le sang des genoux écorchés par le dur carreau et le sang des ecchymoses d'extase fleuries aux mains, au front, aux pieds, aux flancs.

IV

RÉSORPTION

Le voyant, affaibli par les semaines du jeûne, consentait enfin à pourvoir aux besoins du corps. Rayonnant de sa blanche gloire, il ne détournait pas les yeux des grèves célestes où s'était promue la Vision ; et, dans le firmament clair, et sous les bandes de nuages, il cherchait encore le sillage des chéroubin et les flamboiements du Christ.

A peine entamait-il sa nourriture de solitaire fournie par la basse-cour. Le manant réussissait mal en ses instances pour lui faire boire quelque vieux vin.

— Maître, Maître, vous mourrez ; que fera la Fin-du-Monde pour lors ?

Manuel souriait au géant courbé par toute une vie de labour sur la glèbe. Sa longévité, l'effroi qu'il marquait naïvement à tous propos de voir surgir la trompette de l'Archange annonçant la fin du monde, lui avaient valu ce surnom dans le hameau, aux alentours, jusque la grande ville carillonnante.

Car l'on riait de sa petite tête noueuse juchée sur le corps ligneux, la petite tête à l'œil gauche d'azur, à l'œil droit d'émeraude, veillant les ruines du château et la garenne, et la sapinière.

— Ah! vieux dragon, la Fin-du-Monde! Pas encore la mort, pas encore, et qu'importe à tes vieux os, la mort?

— Bé! si saint Pierre me ferme la porte!

— Quels crimes a commis ta conscience?

— Bé donc: quand j'étote dragon du roi Louis XVIII.

— Ah! vieux dragon! Tu iras en enfer, la Fin-du-Monde...

— Vous aussi, Maître qui chassez ch'curé à grands coups de claquoir quand il monte ici...

— La Fin-du-Monde, la Fin-du-Monde, méfie-toi: le curé est une canaille!

— Faut pas dire, Maître, faut pas dire: Madame la Mort...

— Et qu'importe la Mort!... D'abord, sache-le, la Mort n'existe pas; c'est une fable inventée pour la terreur des âmes simples. La vie n'est qu'une perte de temps dans la marche à l'infini; qu'une perte d'efforts dérobés par la nécessité animale; car l'espace, le temps, formes de la vie, ne sont que des quantifications de l'effort où la volonté se mesure elle-même.

Au paysan bouche bée, Manuel continue son prêche, insoucieux de savoir si comprend l'auditeur.

Pour lui-même, pour l'exaltation de son âme à l'Essence première, il chevauche les beaux principes de sa métaphysique. Et le discours ne s'achève point, qu'il reste auprès de l'âtre à restaurer sa faiblesse, ou qu'il descende dans la plaine à la proue de la charrue.

Quand midi imposait au château une radieuse couronne de soleil, et que les sapins lumineux dardaient des ombres aiguës sur la pelouse, Manuel aimait, contre l'incandescence des lueurs célestes, rétablir le décor de l'existence morte, les oripeaux de vanité et la misère des amours, afin que leur tristesse rehaussât la splendeur de la béatitude présente.

Tel que l'expérimentateur novice, ravi de surprendre aux arêtes du prisme la décomposition de la lumière blanche, il se revoyait féru de savoir le mystère de la vie sensitive, inlassable évocateur d'arcs-en-ciel amoureux et de prestiges. Toutes nuances conceptibles à sa nature, il les avait mises à l'épreuve et à l'usage. Au prisme de sa folie, il avait soumis le monde ; et le monde diapré en ses éléments lui était apparu sans réalité constitutive, simple ensemble des signes conventionnels du langage échangé entre les êtres incapables de bannir les apparences.

L'homme au spectacle de la vie, semble le portant du théâtre éclairé de toutes les lumières passantes ; la carcasse à jour où ventent les essences astrales, qu'elles imprègnent un instant de leurs vertus si l'âme est capable de les subir, à qui elles enlèvent toute vigueur si l'âme s'est abîmée aux déperditions mauvaises.

Et chacun, dans l'inconscience des rythmes qui l'animent, tâche à satisfaire seulement les Mots sans souci du Dieu intérieur. L'éducation dénomme vert ce que l'enfant voit écarlate par la vertu de son organisme spécial ; et pour satisfaire à l'éducation, l'enfant voisin nomme vert tout ce qu'il perçoit indigo ; en sorte que ces deux êtres, dans le commerce de la vie, se leurreront, s'aimeront, se combattront pour des signes vains en eux-mêmes et sans réalité correspondante en leurs âmes. A tous, le monde de l'imagination diffère, et les hommes divers sentent diversement par des impressions adversaires. Car les atavismes eux-mêmes influencent à l'opposite du germe primitif : tel père prodigue engendre un fils avare, tel sage un fol, tel voluptueux un chaste ; phénomènes non plus extraordinaires que la parité du géniteur au produit, parce que les antagonismes sont identiques, parce que l'affirmation ou la négation ne sont que les attitudes passagères des principes.

Ainsi le philosophe avait connu l'appareil du

monde faux et menteur à tous actes, dénué de réel et de rêve, animé de fantômes, créatures de la seule volonté, et possibilités de sensations pour elle.

Et, peu à peu, unissant les faisceaux des couleurs éparses et des nuances, il avait, par la force mystique, conquis le pouvoir de reconstituer la lumière primitive essentielle.

Maintenant, parvenu à la contemplation de Dieu, du Dieu créé par son désir humain, mais d'essence constitutive, l'œuvre conçue selon le principe divin avait reproduit le principe même. Et il s'enorgueillissait d'avoir parcouru le cycle complet de l'évolution, de vibrer intensément au bonheur de se savoir en la grâce du Christ, tout étincelant de candeur et de foi, comme la grande lumière du midi qui réduisait les camps d'ombre au bord de la sapinière et sur les boulingrins.

C'était pour lui la douceur du repos après les grands voyages, la certitude de la tâche parfaite, la confiance de l'attente à la mort rédemptrice qui joindrait sa volonté libérée enfin de contingences mortelles à la pure vertu d'un Séraphin.

Il s'endormit dans cette confiance. Il ne chercha plus les extases ; il supprima les jeûnes, les pratiques ascétiques qui amenaient à dates régulières l'apothéose de son esprit.

Sa prière de chaque aurore rappelait suffisamment le triomphe de la pensée sainte.

Suivi du vieux rustre, il se reprit à parcourir les plaines, l'arme aux mains. Sa réconciliation se fit avec la terre maternelle.

Il ressentit à nouveau l'ivresse de l'étendue, il se grisa de gommes arborescentes, il lutta contre les vents, la fatigue, la soif.

Les saisons hâlèrent sa face barbue.

Il reconnut l'embrassement du Christ dans la caresse des brises, dans la fraîcheur des pluies, dans le fracas des orages.

Aucune nouvelle du monde ne vint troubler sa pénitence fière. Les souhaits de fête ne surent point rendre à l'anachorète l'amour des apparences dépouillées.

Les paysans craignirent ce maître farouche et silencieux arpentant la plaine de l'aube au couchant; et son mysticisme les terrifia comme un vice hyperphysique, une passion d'enfer, — le curé allant en tous lieux prêcher contre l'hérétique.

Seul.

Seul dans les immenses salles du château s'effritant sous les infiltrations d'hiver.

Seul dans l'océan des terres arrondies à la limite du firmament.

Seul dans sa pensée intangible et close; dans le temple de sa pensée blanche.

Il perçut s'effacer de lui les souvenirs mêmes des nuances vaines, et les gestes d'antan et les physionomies d'antan.

Un matin, il apprit la mort du monde à sa mémoire.

La prière le faisait vivre uniquement, quelques instants du jour.

Mais les magnificences des extases s'atténuèrent, reculèrent.

Il ne dépensa plus de force à la méditation.

Alors il découvrit que son corps très robuste devenait brun comme le tronc d'un chêne, avec des végétations touffues à la poitrine, aux bras, aux jambes, et une longue barbe à la ceinture.

Sous ses hardes, il portait comme un doux et chaud pelage de bête.

La terre le résorbait.

Une après-midi de langueur d'été, il voulut parcourir encore les merveilles des temps amoureux; mais il ne retrouva point dans la mémoire l'épitaphe des affections périmées.

Et il lui parut qu'il était bien sot de s'enquérir de telles inanités.

Son rire éclata par la plaine. Des perdrix effrayées s'envolèrent.

Manuel se leva.

Sur la courbe de la colline, la haute stature de la Fin-du-Monde penchait contre la charrue, et le cheval tirait à tous muscles comme s'il eût voulu crever la blanche muraille du ciel vers laquelle il gravissait.

Une grande impatience saisit Manuel de voir l'attelage si peu hâtif au but.

Et les vagues des sillons lui semblaient inégales, trop obliques, mal coupées par la proue de la charrue. La fureur l'emporta : comment monter vers le ciel en des chemins si mal tracés ?

D'un brusque coup, il écarta le vieux valet, empoigna l'instrument et poussa des cris d'assaut. La bête s'emballa, escaladant les mottes, franchissant les flaques, filant droit à travers champs.

Lui criait toujours en un délire de conquête, et il pressait l'ardeur du cheval vers l'assise du firmament.

Car il entendait l'ordre de la Voix.

Et la tête du Christ apparut avec la rouge chevelure du couchant : les cheveux montèrent, montèrent et flambèrent. La bouche exhala le chant divin du chœur des sphères. Les Chéroubim croisèrent. Leurs sillages semèrent les arcs-en-ciel, les soleils, les planètes, les lunes.

Puis tout se fonça. La tête rédemptrice saignait à grand flots pour le rachat des hommes. Et les souillures étaient si nombreuses que tout le sang du ciel ne suffisait point à laver la misère du monde.

Or, Manuel Héricourt périt sous la douche des médecins aliénistes, s'efforçant de lui restituer l'Erreur Originelle.

ÉVREUX, IMPRIMERIE DE CHARLES HÉRISSEY

www.ingramcontent.com/pod-product-compliance
Lightning Source LLC
Chambersburg PA
CBHW071127160426
43196CB00011B/1827